电动汽车充电关键技术

Key Charging Technologies
for Electric Vehicles

苏州一航电子科技股份有限公司　编著

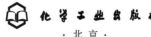

化学工业出版社
·北京·

内容简介

《电动汽车充电关键技术》对电动汽车及充电的基本概念、技术原理和应用场景进行了系统的阐述，详细介绍了电动汽车、充电技术、能源互联三个层面的多项关键技术，以及电动汽车充电最新指导政策和运营运维示范工程。全书共8章，主要内容包括电动汽车与充电技术背景、电动汽车技术发展与趋势、电动汽车充电技术、超级充电、充电运营管理、充电产品智能制造、测试与认证以及新能源充电生态周边等。

本书可供电动汽车充电技术研究人员、工程师参考，也可供相关专业本科生和研究生学习使用。

图书在版编目（CIP）数据

电动汽车充电关键技术/苏州一航电子科技股份有限公司编著. —北京：化学工业出版社，2023.3（2023.5重印）
ISBN 978-7-122-42552-2

Ⅰ.①电… Ⅱ.①苏… Ⅲ.①电动汽车-充电
Ⅳ.①U469.72

中国版本图书馆CIP数据核字（2022）第216180号

责任编辑：万忻欣
装帧设计：王晓宇
责任校对：王鹏飞

出版发行：化学工业出版社（北京市东城区青年湖南街13号　邮政编码100011）
印　　装：北京捷迅佳彩印刷有限公司
710mm×1000mm　1/16　印张13¼　字数165千字
2023年5月北京第1版第2次印刷

购书咨询：010-64518888　　售后服务：010-64518899
网　　址：http://www.cip.com.cn
凡购买本书，如有缺损质量问题，本社销售中心负责调换。

定　　价：78.00元　　　　　　　　版权所有　违者必究

　　新能源主要是指其驱动能源为电力、氢能、太阳能等非化石能源。传统工业的发展依靠大量的化石能源，带来了资源不断枯竭、地球环境急剧变化等一系列问题，寻找多样的替代能源成了全世界的使命。近年来新能源市场方兴未艾，尤其以电力能源为代表。电力能源具有清洁、高效、便于传输、可再生等特点，并且绝大部分的工业机器可以通过电力驱动，应用范围十分广泛。由于地理环境因素，我国对化石能源的需求很大部分依靠进口，我国是煤炭大国，煤炭生产和消费占比较大，由此产生的问题使得我国对新能源的需求更加迫切。在此背景下，国家政策层面不断加码新能源汽车产业，迫切希望改变现有的能源结构。

　　电动汽车依靠电力驱动，一方面缓解国家对化石能源的依赖，消耗过剩的电力产能；另一方面，根据一般的用电场景，大量的电动汽车在夜间充电，对电网的调峰有积极的作用，优化了电网质量。在电动汽车内部，现有的储能架构主要采用蓄电池或者超级电容，其储存的电能形式为直流电，需要变流装置将电网侧的交流电转化为蓄电池能够使用的直流电，因此电动汽车充电是全球汽车市场电动化的一个至关重要环节。近年来，我国新能源、互联网以及电动汽车行业蓬勃发展，电动汽车充电以及能源互联网已成为我国经济和社会发展的重大需求。

目前关于电动汽车充电的图书大多从设计、运营、检测等实际应用的角度进行编写，而本书更多关注的是完整的电动车充电生态，以电动汽车充电以及能源互联网的前沿科学问题与关键技术为背景，对电动汽车及充电的基本概念、技术原理和应用场景进行了系统的阐述，详细介绍了电动汽车、充电技术、能源互联三个层面多项关键技术，以及电动汽车充电最新指导政策和运营运维示范工程。全书分为8章，第1章介绍了电动汽车与充电技术背景；第2章介绍了电动汽车技术发展与趋势，包括发展历史、技术路线、未来发展方向等；第3章介绍了电动汽车充电技术，包括充电标准化、充电系统组成等内容，详细讲解了充电枪线、连接器、充电桩结构与工艺、充电模块、充电主控板、散热系统、线束系统以及充电安全等内容；第4章介绍了超级充电，包括大功率充电、液冷充电系统设计等；第5章介绍了充电运营管理，包括充电运营平台标准、充电运营管理平台架构、充电APP、小程序以及运维平台等；第6章介绍了充电产品智能制造；第7章介绍了测试与认证；第8章介绍了新能源充电生态周边，包括光伏、电力电子电源、家用/商用一体化光储充系统等。

本书由苏州一航电子科技股份有限公司CTO杨涛博士组织研发团队编写，抛砖引玉，希望为充电行业赋能，为绿色经济助力。在编写的过程中得到了公司内外各技术方向专家的帮助和指导，在此表示感谢。

由于作者水平有限，书中难免存在一些不足之处，真诚欢迎广大读者批评指正。

编著者

目录
CONTENTS

EV

第 **1** 章

电动汽车与充电技术背景

1.1
碳中和与能源互联网

随着新兴经济体的快速发展，全球绿色治理体系变革和重构加速。中国政府在联合国大会等多个重大国际场合宣布，中国将提高国家自主贡献力度，采取更加有力的政策和措施，二氧化碳排放力争于2030年前达到峰值，争取在2060年前实现碳中和。

国家发展改革委员会在绿色循环低碳发展"十四五"规划中提出，以碳达峰、碳中和为契机，推动能源结构绿色低碳转型，开展能源领域二氧化碳排放达峰行动，大力开发风能、太阳能等清洁能源，严格控制能源消费总量，深化电力体制改革，构建以新能源为主体的新型电力系统，建立健全绿色能源生产消费体系。努力夯实碳排放率先达峰的基础，打造全国绿色循环低碳发展新标杆。

中国在迈向"3060"目标的过程中，光伏、风电、新能源汽车产业将发挥重要作用。中国的光伏和风电产业发展虽然已相当成熟，发电成本低，但无法确保全天候供电，光伏和风电的无序、波动及消纳成为待解决的难题。在"十四五"以至未来更长一段时期内，我国将深入推进碳达峰、碳中和，构建以新能源为主体的新型电力系统。坚持统筹发展和安全，是新时代电力事业高质量发展的关键。从能源供给侧来看，能源结构的清洁化将是实现碳达峰、碳中和的主要路径。也就是说，可再生能源将是中国能源清洁转型的主角，在碳中和目标下，以风电、光伏为主的可再生能源以及"光伏＋储能＋充电"（简称"光储充"）一体化发展无疑是重中之重，具有无限广阔的前景。目前，我国已经成为世界最大的电动汽车市场，相比于电动车的快速发展，充电基础设施建设速度缓慢，导致存在巨大的充电桩缺口。而新能源发电和电动车的快速发展为"光伏＋储能＋充电"一体化发展提供了良好的机遇。

在电动汽车和充电桩发展不平衡的情况下，光储充系统是解决上述问题的一种理想方案，光储充一体化充电站更是新能源汽车充电站建设上的一次创新尝试。光储充一体化充电站能够利用储能系统在夜间进行储能，在充电高峰期通过储能电站和电网一同为充电站供电，既实现了削峰填谷，又能节省配电增容费用，同时能有效解决新能源发电间歇性和不稳定等问题。光伏、储能和充电设施形成了一个微网，根据需求与公共电网智能互动，并可实现并网、离网两种不同运行模式。储能系统的使用，还能缓解充电桩大电流充电时对区域电网的冲击，实现能源互联网的架构。

对于新的商业区、小区来说，当建设充电桩、充电站时，配电容量可以重新规划，但对于电容不足的老旧小区，配电则十分困难。对此，能量缓冲则极为必要。在以往电动汽车充电站的建设中，主要是以电网为主导。光储充一体化解决方案，将能够解决在有限的土地资源里配电网的问题，通过能量存储和优化配置实现本地能源生产与用能负荷基本平衡。

光储充一体化充电站可根据需要与公共电网灵活互动且相对独立运行，尽可能地使用新能源，缓解了充电桩用电对电网的冲击。在能耗方面，直接使用储能电池给动力电池充电，提高了能源转换效率。"十四五"时期作为未来 40 年碳中和之路的开端，大力发展风电、光伏、储能为一体的光储充能源生产和利用形式，将在我国实现碳中和目标以及能源结构转型中发挥巨大的作用。

1.2
电动汽车

近年来，我国在推动新能源充电基础设施发展的进程中，政府发布了一系列的举措。在政府政策的大力支持下，截至 2021 年底，全国新能源汽车保有量 784 万辆，占汽车总量的 2.60%，比 2020 年增加 292 万辆。其中，纯电动汽车保有量 640 万辆，占新能源汽车总量的 81.63%。新能源汽车增量连续三年超过 100 万辆，并首次突破年增 200 万辆，呈持续高速增长态势。《政府工作报告（2022）》提出，"继续支持新能源汽车消费""加快形成绿色低碳生产生活方式"。如今，我国新能源汽车产业进入规模化、高质量的快速发展新阶段。作为当下汽车产业的最热板块，新能源汽车在 2022 年第一季度逆势而动，继续保持增长态势。据乘用车市场信息联席会消息，2022 年 3 月全国新能源汽车零售销量 44.5 万辆，同比增加 137.6%，环比增加 63.1%。当减污降碳、绿色出行成为一种新风尚，新能源汽车的优势自不待言。最近几年，新能源汽车进入越来越多普通百姓家，成为家庭用车的主力车。私家新能源车主激增，对于社区充电基础设施的建设就提出了巨大的挑战。

1.3

电动汽车充电

对于私家电动汽车车主来说，充电一般都在长时间停放车辆的目的地完成，办公园区和居住小区都是长时间停车的地点。随着这类车主越来越多，对充电配套设施来说，是一个快速发展市场的机会。

对此，中国电动汽车充电基础设施促进联盟（简称"中国充电联盟"）信息部表示："未来的发展趋势是，电动乘用车将以居民区充电为主，公共充电为辅，换电为补充。预计私人充电桩将占新增充电桩的 65%，私人充电桩提供的充电量将不低于 40%。"

从行业的长远发展看，充电桩从制造、建设到运营服务，将达到万亿元水平。行业专业机构预计，2030 年新能源汽车的充电量将达到 1600 亿度 / 年，仅电费和服务费，规模也将达到千亿级别。办公园区和居住小区，将是充电量的消耗主体，相关的服务运营费用将成为物业的重要收入来源。

但如今暂时没有真正布局社区充电的企业及相关单位，所以社区充电的基础充电设施的建设并不完善，充电难仍然是阻碍私家电动汽车市场发展的主要障碍，并成了亟待解决的民生问题，在这种背景下隶属于一航科技旗下控股子公司的苏州小蜂充电很早就定位布局社区充电，以创客文化和工匠精神赋能物业增值，服务社区生活，并以多年优秀车企和充电桩供应链资历为社区高质量充电保驾护航。

本章小结

随着各地新能源汽车产业的发展，在政府政策的大力支持下，全国新能源汽车及充电设施迎来了持续高态势的发展。本章从产业背景、电动汽车及电动汽车充电发展现状三方面剖析，未来电动汽车充电的发展趋势将以居民区充电为主，公共充电为辅。

电动汽车充电关键技术

第 **2** 章

电动汽车技术
发展与趋势

电动汽车（Electric Vehicle，EV）指的是以电能作为全部或部分动力的汽车，如单纯用蓄电池驱动的纯电动汽车（Battery Electric Vehicle，BEV）、以蓄电池和其他能源（燃油、太阳能等）作为动力的混合电动汽车（Hybrid Electric Vehicle，HEV）以及借助燃料电池驱动的燃料电池汽车（Fuel Cell Electric Vehicle，FCEV）等。

2.1

电动汽车发展历史

1859 年，法国物理学家加斯东·普兰特（Gaston Planté）发明了铅酸蓄电池；1881 年，另一位法国科学家卡米尔·阿方斯·富尔（Camille Alphonse Faure）改进了电池的设计。电池的发明与改进直接或间接地影响了后世汽车的发展方向，不久之后，电动"车"就被制造出来。

1867 年，在巴黎世界博览会上，奥地利发明家弗朗茨·克拉沃格尔（Franz Kravogl）向人们展示了一辆两轮电动车，但当时那不被承认是一辆"车"，因此它们不能开上路。而后 1881 年 4 月，法国发明家古斯塔夫·特鲁维（Gustave Trouvé）在巴黎街道又制造并测试了一辆带有三个轮子的电动车。由此，电动车的雏形就诞生了。

1888 年，欧洲开始重视环境及能源问题，尤其是英国和法国更是广泛支持电动汽车的发展，工程师安德烈（Flocken Elektrowagen）制造了德国的第一辆电动汽车。这个时候，世界各个主要的发达国家都先后开始了对于电动汽车的研究。1971 年 7 月 31 日，一个事件引起了全世界的瞩目：阿波罗 15 号登上月球后布置了一辆月球车。这辆月球车由波音公司和通用汽车公司的子公司 Delco Electronics（由 Kettering 共同创立）研发制造，每个车轮配备一个直流驱动电机以及一对 36V 银锌氢氧化钾不可充电电池。这似乎给人一种电动汽车代表着未来的想象。首辆电动月球车如图 2-1 所示。

图 2-1　首辆电动月球车

21 世纪，来自美国加州的硅谷钢铁侠埃隆·马斯克（Elon Musk）开始进入电动汽车行业。2004 年，特斯拉汽车公司（Tesla Motors）开始研发特斯拉跑车（Tesla Roadster），使用松下研发的 4680 圆柱锂离子电池。特斯拉电动汽车的问世，是电动汽车行业的里程碑，也标志电动汽车驶入新纪元。

从 2010 年以来，全球电动汽车市场规模日益扩大，电动汽车产销量均有明显提升。国际能源署 IEA 预测，从 2020 年开始，传统汽柴油汽车的市场份额开始出现下降趋势，电动汽车，包括普通的混合动力汽车，在未来市场份额呈持续扩大的趋势。

在推动新能源充电基础设施发展的进程中，我国政府发布了一系列的举措。2009 年，"十城千车" 计划迅速在国内展开，扩大至 39 个城市和地区，为电动汽车产业的发展拉开了序幕。2012 年，国务院印发《节能与新能源汽车产业发展规划（2012—2020）》。2013 年，各地方相继出台了补贴和扶持政策，成功调动了车企及消费者的积极性。2015 年，政府强调将新能源汽车作为未来十年中国发展的关键行业之一。2016 年，《节能与新能源汽车技术路线图》发布，明确了电动汽车发展的市场前景及技术路线图。2020 年，国务院办公厅下发《新能源汽车产业发展规划（2021—2035 年）》，要求到 2025 年，新能源汽车新车销量达到汽车销售总量的 20%；到 2035 年，纯电动汽车成为新销售车辆的主流。2021 年 7 月，国家四部委发布《关于进一步提升充换电基础设施服务保障能力的实施意见》，将符合条件的充换电设施以及配套电网建设与改造投资，纳入新基建专项债券和中国清洁发展机制基金支持范围。

2.2
电动汽车技术路线

新能源汽车是指采用非常规的车用燃料作为动力来源（或使用常规的车用燃料，采用新型车载动力装置），综合车辆的动力控制和驱动方面的先进技术，形成的技术原理先进、具有新技术、新结构的汽车，包括纯电动汽车、增程式电动汽车、混合动力汽车、燃料电池汽车、氢发动机汽车等。当前纯电动汽车、混合动力汽车和燃料电池汽车受到世界各国的重视，其中纯电动汽车占比达到 70%。

2.2.1 纯电动汽车

纯电动汽车是指以车载可充电蓄电池为动力，用电机驱动车轮行驶的车辆。电动汽车的运行是依靠动力电池输出电能，通过电机控制器驱动电机运转产生动力，再通过减速机构，将动力传给驱动车轮，使电动汽车行驶。典型的纯电动汽车主要包括电源系统、电机驱动系统、整车控制器和辅助系统。电动汽车系统构造如图 2-2 所示。

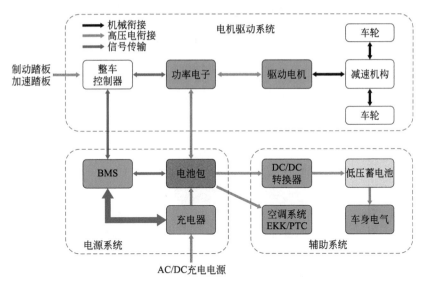

图 2-2　电动汽车系统构造

（1）电源系统

电源系统主要包括动力电池、电池管理系统、车载充电机及辅助动力源等。动力电池是电动汽车的动力源，是能量的存储装置，目前纯电动汽车以锂离子蓄电池为主。电池管理系统实时监控动力电池的使用情况，对动力电池的端电压、内阻、温度、剩余电量等状态参数进行检测，并按要求进行调温控制，通过限流控制避免动力蓄电池过充、过放电，对有关参数进行显示和报警。车载充电机是把电网供电制式转换为对动力电池充电要求的制式。辅助动力源一般为 12V 或 24V 的直流低压电源，它主要给动力转向、制动力调节控制、照明、空调、电动窗门等各种辅助用电装置提供所需的能源；DC/DC 转换器将动力电池的高压直流电转换为能够为整车所使用的低压直流电，整车上电所用的电是蓄电池提供的 12V 的低压电，整车启动以后动力电池代替蓄电池，通过 DC/DC 为整车提供低压电。

（2）电机驱动系统

电机驱动系统主要包括电机控制器和驱动电机。电机控制器是按照整车控制器的指令、驱动电机的转速和电流反馈信号，对驱动电机进行控制，进而对整车的扭矩和旋转方向进行控制。驱动电机在纯电动汽车中承载着电动和发电双重功能，在正常行驶时发挥其主要的电动功能，将电能转化为机械旋转能，而在减速和下坡滑行时反向进行发电，承担发电功能。电机驱动系统如图2-3所示。

图2-3　电机驱动系统示意图

（3）整车控制器

整车控制器根据驾驶员输入的加速踏板和制动踏板的信号，向电机控制器发出指令，对电机进行控制。在纯电动汽车减速和下坡滑行时，整车控制器配合电源系统的电池管理系统进行发电回馈，使动力蓄电池反向充电。整车控制系统如图2-4所示。

图2-4　整车控制系统示意图

（4）辅助系统

辅助系统包括车载信息显示系统、动力转向系统、导航系统等，借助这些辅助设备来提高汽车的操纵性和乘员的舒适性。

2.2.2 混合动力汽车

混合动力汽车是指有两种或两种以上不同类型的动力源结合并驱动车辆前进的汽车。目前国内市场上的混合动力汽车主要以油电混合为主。本节讨论混合动力汽车为油电混合，不包括燃料电池、太阳能等混合动力汽车。

混合动力汽车按照不同的维度可以有多种类型，目前主要是以充电方式、动力系统架构两个维度进行分类。其中按充电方式可分为插电式混合动力汽车（Plug in-Hybrid Electric Vehicle）和非插电式混合动力汽车（Hybrid Electric Vehicle），非插电式混合动力汽车无外接充电口。按动力系统架构可分为串联式混合动力汽车、并联式混合动力汽车和混联式混合动力汽车。

（1）串联式混合动力汽车

串联式混合动力汽车是指车辆的驱动力只来源于电动机的混合动力汽车，动力传动系统的特点是发动机、发电机和电动机三个动力总成通过机械连接串联成动力单元；蓄电池组可以单独通过电动机驱动汽车行驶；发动机通常与发电机装配成为一个整体，也称作辅助动力单元（Auxiliary Power Unit,APU）。如图 2-5 所示为串联式混合动力汽车的动力传动系统。

在串联式混合动力汽车的动力传动系统中，发动机的动力不能直接传递给车辆驱动系统（变速器），无论汽车处于何种工况下，都是由电动机向驱动系统（变速器）输送动力。当车辆运行速度低、负荷较小时，可单独由电池组驱动电动机，把动力输出给驱动系统驱动汽

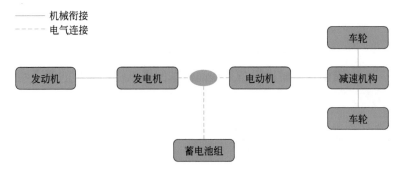

图 2-5　串联式混合动力汽车的动力传动系统

车行驶；当车辆运行速度高、负荷较大时，则 APU 发电驱动电动机，把动力输送给驱动系统驱动汽车行驶；当汽车处于启动、加速或爬坡等特殊工况时，则由 APU 和电池组共同向电动机提供电能，驱动汽车行驶；当汽车处于低速行驶、滑行或怠速工况时，APU 可向电池组充电；当车辆制动时，车辆驱动电动机发电并向蓄电池充电，实现部分能量回收。

（2）并联式混合动力汽车

并联式混合动力汽车是指车辆由电动机及发动机同时或单独驱动的混合动力汽车，发动机与电动机属于两套单独的系统，可分别或共同向车辆提供驱动力；蓄电池组可单独通过电动机驱动汽车行驶。如图 2-6 所示为并联式混合动力汽车的动力传动系统。

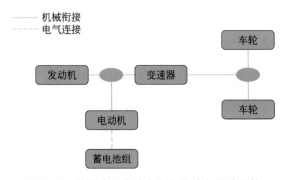

图 2-6　并联式混合动力汽车的动力传动系统

在并联式混合动力汽车的动力传动系统中，发动机通过离合器、变速器来驱动汽车，电力驱动系统通过蓄电池及电动机经耦合同时驱动汽车或由蓄电池组单独驱动汽车。在并联式混合动力汽车的动力传动系统中，电动机也可作为驱动系统使用。当车辆运行速度低、负荷较小时，发动机可停止工作，单独由电池组驱动电动机，把动力输出给驱动系统驱动汽车行驶；当车辆运行速度高、负荷较大时，则发动机与电动机共同形成驱动力，以最大输出功率把动力输送给驱动系统（变速器）驱动汽车行驶。

（3）混联式混合动力汽车

如图 2-7 所示为混联式混合动力汽车的动力传导系统。

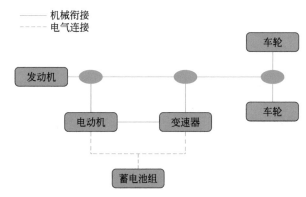

图 2-7　混联式混合动力汽车的动力传导系统

混联式混合动力汽车是同时具有串联式和并联式驱动方式的混合动力汽车，混联式混合动力汽车的动力传动特点是同时将串联式与并联式结合在同一驱动系统中，同时兼有二者的特点：蓄电池组可单独通过电动机驱动汽车行驶。

2.2.3　燃料电池汽车

燃料电池汽车是将燃料电池中的化学能直接转化为电能，效率达到 60% ～ 80%，是普通内燃机的数倍。基于氢能源的燃料电池技术的发展，使电动汽车脱离了传统的以电补能的方式，采用加入燃料的方式补充能源，使电动汽车使用范围不受充电桩设施的限制。

2.3

纯电动汽车关键零部件及系统

2.3.1 动力电池及电池管理系统

电动汽车电池系统为整车提供能源，由动力电池组和电池管理系统（BMS）组成，是电动汽车最核心的零部件，相当于汽车的心脏。目前市面主要使用的电池为铁系锂电池和三元锂电池。

（1）动力电池组

动力电池组是新能源汽车的能量来源，通常由数百个以串联/并联配置的小型单个电池组成，市场常用的电池为锂电池，相对其他类型的电池产品，其具备更高的放电倍率以及能量密度。一个公共电池组由串联的 18 ～ 40 个并联电池组成，以实现所需的电压。例如，一个 400V 标称电池组通常会有大约 96 个串联模块（如 Tesla Model 3）。

对于混合动力/插电式混合动力车辆，当前车辆的常见标称组电压范围为 100 ～ 300V，对于纯电动车辆，其额定电压范围为 400 ～ 800V 或更高。这样做的原因是：在相同直径（和质量）的铜电缆上，较高的电压可以传输更多的功率，而损失更少。

（2）电池管理系统

电池管理系统是对电池组进行安全监控及有效管理的系统，其包含一个主机、两个从机，每节电池包含电压线、温度探测线。通过该系统对电池组充放电的有效控制，可以达到增加续航里程，延长使用寿命，降低运行成本的目的，并保证动力电池组应用的安全性和可靠性。如图 2-8 所示为电池管理系统图。

电池管理系统常见的功能模块划分为电池状态检测、电池状态分

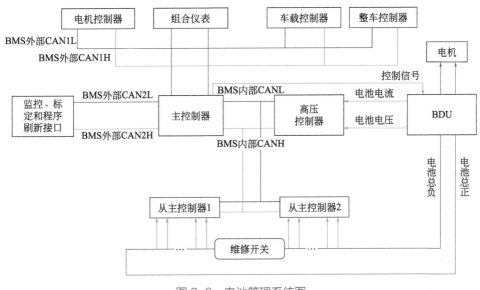

图 2-8　电池管理系统图

析、电池安全保护、电池信息管理。

2.3.2　电机驱动系统

　　新能源汽车与普通燃油汽车最重要的区别在于电机驱动系统。电机驱动系统是车辆行驶的主要执行机构，其特性决定了车辆的主要性能指标，直接影响车辆动力性、经济性和用户驾乘感受。可见，电机驱动系统是纯电动汽车中十分重要的部件。

　　电机驱动系统由驱动电动机（DM）、驱动电机控制器（MCU）构成，通过高低压线束和冷却管路与整车其他系统做电气和散热连接。如图 2-9 所示为电机驱动系统组成图。

　　整车控制器（VCU）根据驾驶员意图发出各种指令，电机控制器响应并反馈，实时调整电机驱动输出，以实现整车的怠速、前行、倒车、停车、能量回收以及驻坡等功能。电机控制器的另一个重要功能是通信和保护，实时进行状态和故障检测，保护电机驱动系统和整车安全可靠运行。如图 2-10 所示为电机驱动系统工作原理图。

图 2-9　电机驱动系统组成图

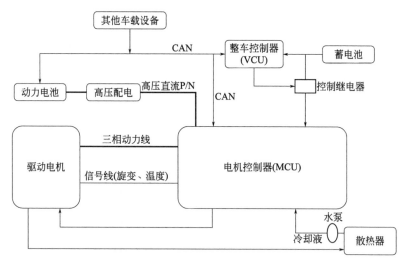

图 2-10　电机驱动系统工作原理图

（1）驱动电机

驱动电机采用永磁同步电机（PMSM），其具有效率高、体积小、重量轻及可靠性高等优点，是动力系统的重要执行机构，是电能与机械能转化的部件，且自身的运行状态等信息可以被采集到驱动电机控制器。其依靠内置传感器来提供电机的工作信息，这些传感器包括：旋转变压器，用以检测电机转子位置，控制器解码后可以获知电机转速；温度传感器，用以检测电机的绕组温度，控制器可以保护电机避免过热。

（2）电机控制器

电机控制器是电机驱动系统的控制中心，又称智能功率模块，以IGBT（绝缘栅双极型晶体管）模块为核心，辅以驱动集成电路、主控集成电路。电机控制器对所有的输入信号进行处理，并将电机驱动控制系统运行状态的信息通过 CAN 2.0 网络发送给整车控制器。其内含故障诊断电路，当诊断出异常时，将会激活一个错误代码，发送给整车控制器，同时也会存储该故障码和数据。

其中，用来提供电机驱动系统的工作信息的传感器包括以下几种：

① 电流传感器，用以检测电机工作的实际电流（包括母线电流、三相交流电流）；

② 电压传感器，用以检测供电机控制器工作的实际电压（包括动力电池电压、12V 蓄电池电压）；

③ 温度传感器，用以检测电机控制系统的工作温度（包括 IGBT 模块温度、电机控制器板载温度）。

电机驱动系统驱动模式由整车控制器根据车辆运行的不同情况，包括车速、挡位、电池 SOC 值来决定，电机输出扭矩 / 功率。当电机控制器从整车控制器得到扭矩输出命令时，将动力电池提供的直流电转化成三相正弦交流电，驱动电机输出扭矩，通过机械传输来驱动车辆。

2.3.3 整车控制系统

新能源汽车整车控制系统（如图 2-11 所示）直接关系到汽车的整体安全性、动力表现、能源消耗和舒适程度，可以针对不同的驾驶需求和驾驶状态进行智能调节，以提升新能源汽车的可控性。现阶段新能源汽车整车控制系统需要利用人工智能技术、监控设备、全球定位系统（GPS）、视觉计算、网络信息化技术、大数据、激光雷达等多种技术和设备协同实现整车控制。新能源汽车整车控制系统的研发主要是经过虚

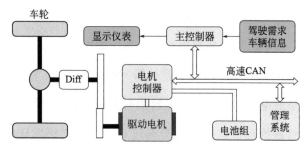

图 2-11　新能源汽车整车控制系统

拟仿真、硬件仿真、台架测试、三高实验几个过程，通过科学分析和实验测试，保证新能源汽车整车控制系统能将动力表现、能源消耗和安全可靠进行综合调整，进而实现性能最大程度发掘。

　　现阶段新能源汽车分为三种，而控制核心都是新能源汽车整车控制系统，新能源汽车整车控制系统的控制核心则是整车控制器（VCU）。在新能源汽车行驶过程中，加速踏板、刹车踏板、驾驶信号灯、挡位及驾驶状态意图都需要整车控制器介入才能实现，同时在行驶过程中对各个模块如电机、电池、DC-DC 系统的各种信息信号进行收集捕捉并分析处理，进而实现实时准确地对能源需求、行驶状态、网络环境和整车故障进行分析、调整、控制、反馈。

2.4

智能网联电动汽车

　　智能网联电动汽车是指车联网与智能车的有机联合，是搭载先进的车载传感器、控制器、执行器等装置，并融合现代通信与网络技术，实现车与人、路、后台等智能信息交换共享，实现安全、舒适、节能、高效行驶，并最终可替代人来操作的新一代汽车。

　　作为引领产业转型升级和优化调整的突破口，智能网联汽车的出现提供了更安全、更节能、更环保、更便捷的出行方式，有助于减少驾驶员负担，降低事故发生风险，提升出行效率。"智能化"和"网联化"技术的升级与创新，促进了汽车产业更加健康持续的发展，也对未来城市交通产生巨大的影响。因此智能网联汽车正逐步成为全球汽车产业发展的最重要的"风向标"，推动产业不断向"智能化"和"网联化"发展。

智能网联电动汽车涉及整车零部件、信息通信、智能交通、地图定位等多领域技术，将技术架构划分为"三横两纵"技术架构，如图 2-12 所示。"三横"指车辆关键技术、信息交互关键技术与基础支撑关键技术，"两纵"指支撑智能网联汽车发展的车载平台与基础设施。基础设施包括交通设施、通信网络、大数据平台、定位基站等，将逐步向数字化、智能化、网联化和软件化方向升级，支撑智能网联汽车发展。

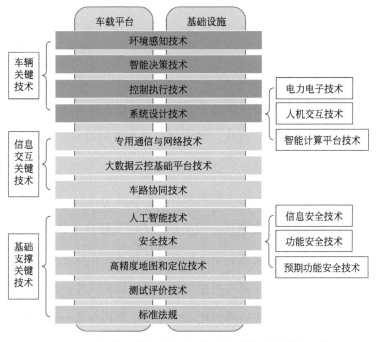

图 2-12　智能网联电动汽车"三横两纵"关键技术架构

智能网联电动汽车存在三大元素，智能交互、智能驾驶和智能服务。其中，智能交互是抓手和入口，而智能驾驶和智能服务是输出的驾驶操控体验和服务体验，以智能化技术为核心的智能驾驶是必备功能，以网联化为核心的智能服务是体验和商业模式创新的切入点。智能网联电动汽车物理结构如图 2-13 所示。

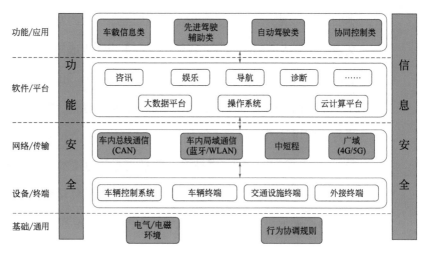

图 2-13 智能网联电动汽车物理结构

2.4.1 智能交互

人机交互技术向多元化、人性化方向发展，同时交互终端及内容架构不断迭代优化。多元化意味着人们对交互体验的要求逐步提高，人机交互方式从按键、触控发展到语音控制、人脸识别、手势交互，甚至是更先进的生物识别。人性化是指通过语言语义学习，了解人的思维文化，在未来，启发式的主动车联网语音服务会成为发展方向。终端迭代优化则表示人机交互终端硬件和软件双重升级、交互与服务紧密结合，提高人机交互的自然性和高效性。关注用户体验和智能座舱技术的造车新势力和国内传统车企均在这一领域持续发力。

除交互技术之外，智能交互还包括智能分发，即通过智能算法对交互识别内容进行理解，再进行服务的调取和内容的分发。整车厂可以通过和互联网公司合作，尤其是与智能交互技术厂商与智能内容分发公司合作，实现业务的快速布局，迅速提升对用户的理解水平和在智能交互领域的能力。

与此同时，整车厂必须构建内容分发方面的能力，注重对用户的闭环管理，把握入口并构建可控的用户运营体系，不能一味依赖互联网公司提供的"全家桶"模式。长远来看，语音语义的识别可以借助科技公司的技术能力，但服务分发策略和用户偏好数据必须掌握在整车厂自己手中，这样才能在智能网联汽车的各细分场景爆发和成熟之前，为未来流量入口的把握、自身用户的理解、用户价值深度挖掘以及商业模式创新做好准备和支撑。

2.4.2 智能驾驶

智能驾驶包括智能控制和自动驾驶两个阶段。其中，座舱智能控制功能是智能网联汽车的必备的功能，是车辆设计中的必需品。辅助驾驶功能已经成为市场上中高端车辆普遍拥有的性能，而对于高等级自动驾驶，虽然实现该功能的车企数量有限，但其具有巨大的商业潜力，将对行业格局和商业模式产生颠覆性影响。高端电动汽车品牌和国外领先的传统厂商已经瞄准高度自动驾驶及安全自动驾驶技术重点突破，整车厂即使在短期内无法实现技术突破，也应做好相关研发和投资，为长期发展做准备。智能网联汽车发展方向如图 2-14 所示。

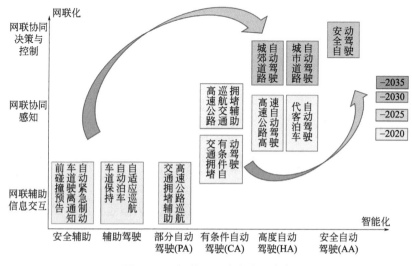

图 2-14　智能网联汽车发展方向

由于自动驾驶有太多传统车企不曾涉猎也不擅长的技术领域，车企必须依靠整合科技企业和 Tier1 供应商实现，只有高端品牌和国外领先传统车企在自动驾驶软件和算法等部分核心技术领域采用内生自建的方式。

2.4.3 智能服务

让服务更智能、更主动且实时在线是智能服务发展的趋势，构建智能服务需要四大能力：实时场景获取、用户偏好理解、服务体系构建以及用户运营。

实时场景需要获取收集车辆数据、位置数据、时间数据以及周围场景数据，从而判断用户所处场景，并主动预测用户需求。用户偏好理解基于车主身份的识别获得基本信息，如性别、年龄等，并根据用户历史偏好判断未来行为和需求，例如通过消费偏好、社交偏好等推送相似地点或商品。服务体系构建可与互联网企业合作、共同投资建设或进行自主研发，对分散的生态资源进行整合构建，充分借助合作伙伴丰富的生态资源。而用户运营需要理解用户在特定场景下的需求，才能提供场景触发式精准服务，提升服务的价值，同时需要建立持续互动的运营机制，以提升用户黏性与活跃度，争夺用户注意力时间，形成品牌归属感。

2.5
未来电动汽车发展方向

发展新能源汽车是我国从汽车大国迈向汽车强国的必由之路，是应对气候变化、推动绿色发展的战略举措。2012 年国务院发布《节能与新能源汽车产业发展规划（2012—2020 年）》以来，我国坚持纯电驱动战略取向，新能源汽车产业发展取得了巨大成就，成为世界汽车产业发展转型的重要力量之一。2021 年起，国家生态文明试验区、大气污染防治重点区域的公共领域新增或更新公交、出租、物流配送等车辆中新能源汽车比例不低于 80%。

2.5.1 电动汽车为世界经济发展注入新动能

当前，全球新一轮科技革命和产业变革蓬勃发展，汽车与能源、交通、信息通信等领域有关技术加速融合，电动化、网联化、智能化成为汽车产业的发展潮流和趋势。新能源汽车融汇新能源、新材料和互联网、大数据、人工智能等多种变革性技术，推动汽车从单纯交通工具向移动智能终端、储能单元和数字空间转变，带动能源、交通、信息通信基础设施改造升级，促进能源消费结构优化、交通体系和城市运行智能化水平提升，对建设清洁美丽世界、构建人类命运共同体具有重要意义。近年来，世界主要汽车大国纷纷加强战略谋划、强化政策支持，跨国汽车企业加大研发投入、完善产业布局，新能源汽车已成为全球汽车产业转型发展的主要方向和促进世界经济持续增长的重要引擎。

2.5.2 电动汽车进入加速发展新阶段

汽车产品形态、交通出行模式、能源消费结构和社会运行方式正在发生深刻变革，为新能源汽车产业提供了前所未有的发展机遇。经过多年持续努力，我国新能源汽车产业技术水平显著提升、产业体系日趋完善、企业竞争力大幅增强，2015 年以来产销量、保有量连续五年居世界首位，产业进入叠加交汇、融合发展新阶段。企业必须抢抓战略机遇，巩固良好势头，充分发挥基础设施、信息通信等领域优势，不断提升产业核心竞争力，推动新能源汽车产业高质量可持续发展。

2.5.3　融合开放成为电动汽车发展的新特征

随着汽车动力来源、生产运行方式、消费使用模式全面变革，新能源汽车产业生态正由零部件、整车研发生产及营销服务企业之间的"链式关系"，逐步演变成汽车、能源、交通、信息通信等多领域多主体参与的"网状生态"。相互赋能、协同发展成为各类市场主体发展壮大的内在需求，跨行业、跨领域融合创新和更加开放包容的国际合作成为新能源汽车产业发展的时代特征，极大地增强了产业发展动力，激发了市场活力，推动形成互融共生、合作共赢的产业发展新格局。

本章小结

本章回顾并阐述从 1867 年第一辆两轮电动车到 2004 年特斯拉第一辆电动跑车诞生的电动汽车发展历史。经过近十年发展，电动汽车由最初的纯电动汽车、混合动力汽车、燃料电池汽车三车型并驾齐驱的开发模式，在市场筛选下逐渐走向纯电动汽车发展模式。动力电池及电池管理系统、驱动电机及控制系统关键零部件及系统、整车动力总成控制系统作为电动汽车关键零部件，实现了电动汽车的整车控制。通过搭载先进的车载传感器、控制器、执行器装置，并融合现代通信与网络技术，实现了车与人、路、后台智能信息交换共享。我国坚持纯电驱动战略方向，电动汽车将为我国经济发展注入新力量。

第 **3** 章

电动汽车充电技术

3.1

充电标准化

目前，国际上有多种电动汽车充电器技术标准，其中具有主导性的标准包括中国的 GB/T、欧美国家的 Combo 和日本的 CHAdeMO，每种标准体系的优势各不相同，它们彼此间竞争激烈。

3.1.1 中国充电标准

GB/T 18487.1 电动汽车传到充电系统 第一部分：通用要求

GB/T 18487.2 电动汽车传导充电系统 第二部分：非车载传导供电设备电磁兼容要求

GB/T 20234.1 电动汽车传导充电用连接装置 第 1 部分：通用要求

GB/T 20234.2 电动汽车传导充电用连接装置 第 2 部分：交流充电接口

GB/T 20234.3 电动汽车传导充电用连接装置 第 3 部分：直流充电接口

GB/T 27930 电动汽车非车载式传导式充电机与电池管理系统之间的通信协议

GB/T 28569 电动汽车交流充电桩电能计量

GB/T 29318 电动汽车非车载充电机电能计量

GB/T 29317 电动汽车充换电设施术语

GB/T 29316 电动汽车充换电设施电能质量技术要求

NB/T 33001 电动汽车非车载传导式充电机技术条件

NB/T 33002 电动汽车交流充电桩技术条件

NB/T 33003 电动汽车非车载充电机监控单元与电池管理系统通信协议

NB/T 33008.1　电动汽车充电设备检验试验规范　第 1 部分：非车载充电机

NB/T 33008.2　电动汽车充电设备检验试验规范　第 2 部分：交流充电桩

3.1.2　欧洲充电标准

IEC　常规充电标

IEC 61851-1　充电系统总体要求

IEC 61851-21-1　充电系统车载充电机 EMC 要求

IEC 61851-21-1　充电系统非车载充电机 EMC 要求

IEC 61851-23　直流充电桩

3.1.3　IEC 无线充电标准

IEC 61980-1　无线充电基本要求

IEC 61980-2　无线充电通信

IEC 61980-3　无线充电特殊要求

IEC 62196-1　插头插座基本要求

IEC 62196-2　交流尺寸和互换性要求

IEC 62196-3　插头，插座，车辆连接器和车辆插孔

3.1.4　美国充电标准

SAEJ 1772　电动车及插入式混合动力车传导式充电接口

SAEJ 2847/1　可插电式车辆和公用电网之间的通信

SAEJ 2847/2　可拆卸车辆和外接 DC 装料机之间的通信

SAEJ 2847/3　作为分布式能源资源的插电式车辆通信

SAEJ 2931/1　插电式电动车辆数字通信

SAEJ 2953　电动汽车和充电设施互通性

SAEJ 2894/2　充电设备电能质量 / 测试办法

SAEJ 2954　无线充电

SAE J2836/6—2013　插电式电动汽车无线充电通信的使用案例

SAE J2836/3—2013　分布式能源插电式电动汽车通信使用案例

SAE J2836/2—2011　插入式车辆和场外直流充电器之间交流用例

SAE J2836/1—2010　插接运载工具和通用输电网间通信的使用
案例

3.1.5　日本充电标准

CHAdeMO 为 CHArge de Move 的缩写，翻译过来意思是充电时间短如茶歇，这种直流快充插座可以提供最大 500kW 的充电功率。相关标准示例如下。

JEVS G105　电动汽车生态站快速充电系统用连接器

JEVS G109　电动汽车导电充电系统的一般要求

3.1.6　超级充电标准

ChaoJi 是基于国际三种主流直流充电系统和充电接口技术研发、全球统一的面向下一代的充电接口技术，在完全向前兼容原有系统的基础上，考虑了未来技术的发展趋势，实现了传导充电技术路线的升级。如图 3-1 所示为超级充电发展线路图。

ChaoJi 充电技术路线是为了满足电动汽车大功率充电需求而形成的一套完整直流充电系统解决方案，弥补了国际上现有充电系统存在

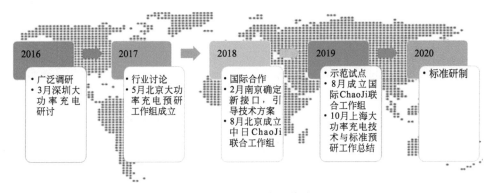

图 3-1 超级充电发展线路图

的一系列缺陷,在充电安全、充电功率、结构设计、向前兼容性及面向未来应用方面进行了全面提升。

ChaoJi 充电技术的最大充电电流可达 360A,未来其充电功率将高达 900kW,10min 充电续航可达 400km。

2020 年 3 月,国家电网组织编制 ChaoJi 充电技术白皮书(以下简称"白皮书"),全面阐述了 ChaoJi 充电技术方案、未来标准和产业规划等。日本基于同一解决方案,同步编制了新一代充电标准 CHAdeMO 3.0。

在国内 ChaoJi 标准体系包含 GB/T 18487.1《电动汽车传导充电系统 第 1 部分:通用要求》、GB/T 27930《电动汽车非车载传导式充电机与电池管理系统之间的通信协议》、GB/T 20234.4《电动汽车传导充电用连接装置 第 4 部分:大功率直流充电接口》、行业标准《电动汽车大功率非车载充电机技术规范》《电动汽车大功率非车载充电机测试要求》。

3.2
充电系统组成

3.2.1 充电枪与电线电缆

1. 充电枪 ID 设计

充电枪 ID 设计流程如图 3-2 所示。

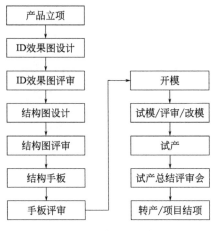

图 3-2　充电枪 ID 设计流程图

（1）电子元器件选型

① 直流充电枪

a. 马达锁：充电枪中的电子元器件并不是很多，马达锁是控制充电枪的锁紧的重要器件，国标直流枪一般选用脉充马达锁。

b. 温控开关 & 热敏电阻：95℃温控开关；热敏电阻选 PT1000 或者 NTC10K3950。

温控开关和热敏电阻之间的选型是根据充电桩用的控制程序来决定的。温控开关度数值是根据充电枪使用的工作温度所定，如果温控选得太低不符合充电枪的实际使用情况，温控选得太高则会对产品及其配套设备造成影响。

c. 微动开关：直流枪的微动开关有两种，第一种是常开带弹片微动开关，防水达到 IP67，额定电流 2A，额定电压 12V DC 或 125V/250V AC，开关行程 2.1mm，耐温 125℃，寿命 10 万次以上。行程 2.1mm（此行程是根据国标要求选定的，为锁钩扣进插座端的深度）。国标直流枪锁结构如图 3-3 所示，美标交直流锁钩结构如图 3-4 所示。

如果微动开关行程不够，锁钩在抬起时被开关顶住，行程就不够脱离插座口，同时也会把微动开关压坏；第二种常闭不带弹片微动开

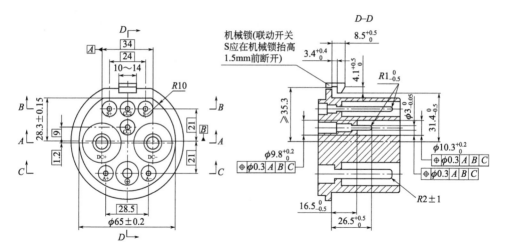

图 3-3　国标直流枪锁钩结构

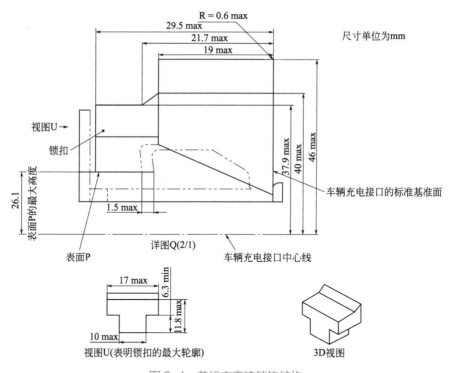

图 3-4　美标交直流锁钩结构

关，耐温 125℃，寿命 10 万次以上，开关行程 2.5mm，也是根据电磁锁解锁时瞬间回弹按压住微动开关而定的，如果微动开间行程不够，没有足够的缓冲空间，电磁锁在每次解锁时瞬间回弹力足够压坏微动开关。

d. 国标直流: R2 电阻（1kΩ）; R3 电阻（1kΩ）（精度 1%）;

欧标直流: RC 电阻（1500Ω）（精度 1%）;

美标直流: R6 电阻（150Ω）, R7 电阻（330Ω）（精度 1%）。

② 交流充电枪

a. 85℃温控开关: 热敏电阻选 PT1000 或者 NTC10K3950。

b. 微动开关: 常开带弹片微动开关, 防水达到 IP67, 额定电流 2A, 额定电压 12V DC 或 125V/250V AC, 开关行程 2.1mm, 耐温 125℃, 寿命 10 万次以上。行程 2.5mm（此行程是根据国标要求选定的, 为锁钩扣进插座端的深度）。国标交流枪锁钩结构如图 3-5 所示, 美标常开带弹片微动开关如图 3-6 所示, 国标常开带弹片微动开关如图 3-7 所示。

c. 国标交流: 10A R4 电阻（1.8kΩ）RC 电阻（1.5kΩ）（精度 1% 或 3%）;

16A R4 电阻（2.7kΩ）RC 电阻（680Ω）（精度 1% 或 3%）;

32A R4 电阻（3.3kΩ）R4 电阻（220Ω）（精度 1% 或 3%）。

欧标交流: 16A RC 电阻（680Ω）（精度 1% 或 3%）;

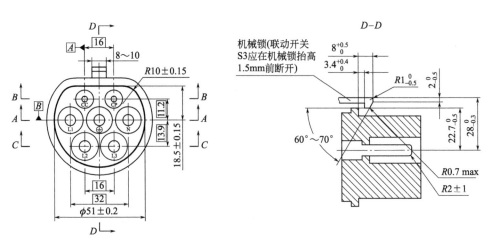

图 3-5　国标交流枪锁钩结构

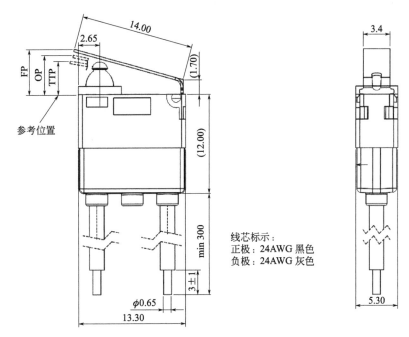

图 3-6　美标常开带弹片微动开关

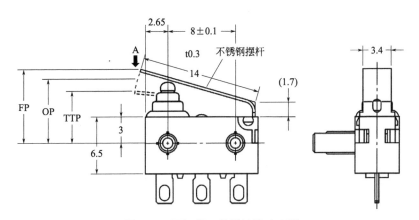

图 3-7　国标常开带弹片微动开关

　　32A RC 电阻（220Ω）（精度 1% 或 3%）。

　　美标交流：16A R6 电阻（150Ω）R7 电阻（330Ω）（精度 1% 或 3%）；

　　32A R6 电阻（150Ω）R7 电阻（330Ω）（精度 1%

或 3%）。

（2）结构材料选型（所用材料应符合汽车行业通用要求）

充电枪材质要求如表 3-1 所示。

表 3-1 充电枪材质要求

序号	零件类别	材质	材料要求	备注
1	枪头帽	PC/硅橡胶/TPE	符合RoHS标准；符合UL94-V0阻燃等级	可用普通的PC或加水口料，也可以选择硅橡胶或TPE，因为枪头帽国标没有要求，而且实际使用中用处也不大
2	枪头	PA66+GF25%或PA66+GF30%	密度：1.36g/cm³；缩水率：8%～1.2%；阻燃等级：UL94-V0；成形温度：265～290℃；热变形温度：1.8MPa 210℃；CTI（漏电起痕指数）：600V；阻抗：大于1.0×10¹⁵Ω	选材主要考虑绝缘性、耐高温变形、电阻值、机械耐磨性、耐化学酸碱性
3	插针固定板	PA66+GF	密度：1.36g/cm³；缩水率：0.8%～1.2%；阻燃等级：UL94-V0；成形温度：265～290℃；热变形温度：1.8MPa 210℃；CTI(漏电起痕指数)：600V；阻抗：大于1.0×10¹⁵Ω	选材主要考虑绝缘性、耐高温变形、电阻值、机械耐磨性及高强度
4	外壳	PC	密度：1.2g/cm³；缩水率：0.8%；阻燃等级：UL94-V0；成形温度：293～316℃；模具温度：71～93℃；热变形温度：1.8MPa 124℃；CTI（漏电起痕指数）：175V；阻抗：大于1.0×10¹⁵Ω	外壳选材主要考虑绝缘性、耐高温变形、电阻值、机械强度、加工成型难易度
5	端子/插针	紫铜/黄铜	符合RoHS标准	直径6mm以上用紫铜T2，直径6mm以下的用黄铜H62/Y-2铜。6mm以上选紫铜是因为插针的DC插针和交流枪头的NL1L2L3插针会在使用中产生高温，紫铜比黄铜耐高温，导热导电性能更好，在高温的环境下寿命更长
6	锁钩/线夹/垫板/压套	锌合金/铝合金	符合RoHS标准	锌合金/铝合金硬度好，便于压铸成型和后续表面处理及后续加工
7	密封件类	硅橡胶	符合RoHS标准、符合UL94-V0阻燃等级	
8	紧固/标准件类	不锈钢/碳钢/铝	符合RoHS标准	外露件及机构动作部件盐雾要求72h以上采用不锈钢304，其余可以用碳钢加表面处理

（3）外形设计

① 充电枪枪头尺寸设计标准　不同国家的充电接口标准不一样，国标标准要求 GB/T 20234.2—2015 交流充电接口、GB/T 20234.3—2015 直流充电接口；欧标标准要求 IEC 62196-2—2016 交流充电接口、IEC 62196-3—2014 直流充电接口；美标标准要求 SAEJ 1772—2107 交直流充电接口。

a. 充电枪按钮位置尺寸离枪头尾端 ≥ 125mm，避免与车辆端充电口的外壳干涉；

b. 枪头和线尾的角度要求 ≥ 127°，避免与车辆端充电口的外壳干涉；

c. 应急解锁孔放在朝枪头方向的尾部，解锁方式为直推或旋转。

② 握手设计　握手设计需符合人体工程学，握手位也可做成软胶包硬胶的方式，手感好，但增加制造成本。

（4）表面处理

① 插针表面处理　镀铜＋镀镍＋镀银，镀层厚度：直流枪插针 DC-DC+PE 镀铜 1 ～ 2μm、镀镍 1.5 ～ 3μm、镀银 5 ～ 8μm，其他插针镀铜 1 ～ 2μm、镀镍 1 ～ 2μm，镀银 3 ～ 5μm；交流枪 L1、L2、L3、PE 针镀铜 1 ～ 2μm、镀镍 1 ～ 2μm、镀银 5 ～ 8μm，其他插针镀铜 1 ～ 2μm、镀镍 1 ～ 2μm、镀银 3 ～ 5μm。

② 塑胶壳表面处理

a. 枪头表面处理：表面光面 / 晒纹；

b. 枪体表面处理：表面光面 / 晒纹。

③ 五金件表面处理

a. 锁钩表面处理：电泳黑色 / 喷粉 / 电镀；

b. 线尾夹表面处理：电泳黑色 / 喷粉 / 电镀。

2. 直流枪结构件设计规范

（1）外壳设计规范

外壳作为枪的重要主体，其选材参考表 3-1，具体设计规范及注意事项如下。

① 材料　一般选用 PC。

② 结构方式　一体式或两半式用螺钉固定；直流枪外壳多为一体式；主要是考虑强度能通过碾压测试以及更便于做防水结构。

③ 尺寸

a. 枪头与按钮距离尺寸：直流枪体平均壁厚 4.0 ～ 5.0mm。为了匹配行业内所有车型充电插座口的尺寸，如果枪头尺寸太高会与插座口干涉，按钮尺寸避免与车辆端充电口的外壳干涉。国标直流枪壳体尺寸如图 3-8 所示，欧标直流枪壳体尺寸如图 3-9 所示，美标直流枪壳体尺寸如图 3-10 所示。

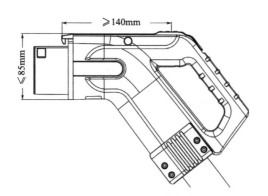

图 3-8　国标直流枪壳体尺寸

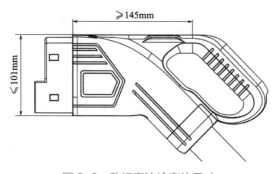

图 3-9　欧标直流枪壳体尺寸

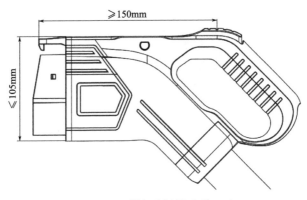

图 3-10 美标直流枪壳体尺寸

b. 枪体与线尾角度：枪体和线尾的角度大于等于 126°且小于等于 140°（避免与车辆端充电口的外壳干涉），如图 3-11 所示。

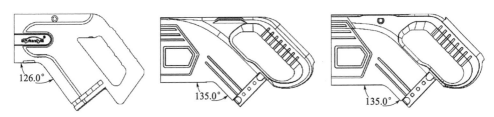

图 3-11 国标、欧标、美标角度定义

④ 外观　黑色细纹；可局部拆件成装饰小块，但不能影响整体结构的强度（符合碾压测试要求），如需包胶设计，在设计时需注意软胶应用倒扣的方式固定在硬胶上。

⑤ 排水孔　排水孔设计在外壳的死角处，例如手柄最尾端和开关盒位置最底部。

⑥ 标贴 /LOGO 位　形状位置根据外形来设计。

⑦ 应急解锁孔　脉冲电磁锁最合理的应急解锁孔位置是在电磁锁轴的垂直方向，通过平行推动电磁锁轴来解锁，不用时用软胶塞堵住，也可不用堵，如图 3-12 所示。

（2）枪头设计规范

① 材料　PA66+GF25%/PA66+GF30%。

② 装配方式　与外壳用螺钉固定。

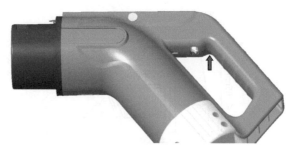

图 3-12　国标直流枪应急解锁孔位置

③ 尺寸　枪头尺寸按标准设计，其中需要注意的是枪头的直径，枪头直径如下。

a. 国标直流：ϕ（65±0.2）mm，如图 3-13 所示。

b. 欧标直流：ϕ（63±0.5）mm，R（18.75±0.15）mm，如图 3-14 所示。

c. 美标直流：ϕ（43.8±0.1）mm，（33.5±0.3）mm，（17.5±0.15）mm；如图 3-15 所示。

④ 外观　黑色细纹，枪头正表面刻上插针对应的内容。

⑤ 插针孔　插针孔比插针单边大间隙 0.03 ～ 0.05mm。

⑥ 防水结构　在枪头平面设计凹槽放防水圈。

⑦ 出模斜度　一体式外壳的出模斜度要尽量大。

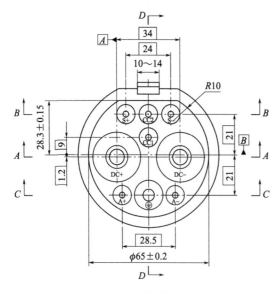

图 3-13　国标直流枪头

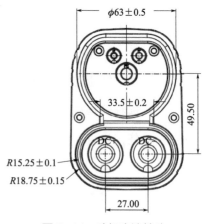

图 3-14　欧标直流枪头

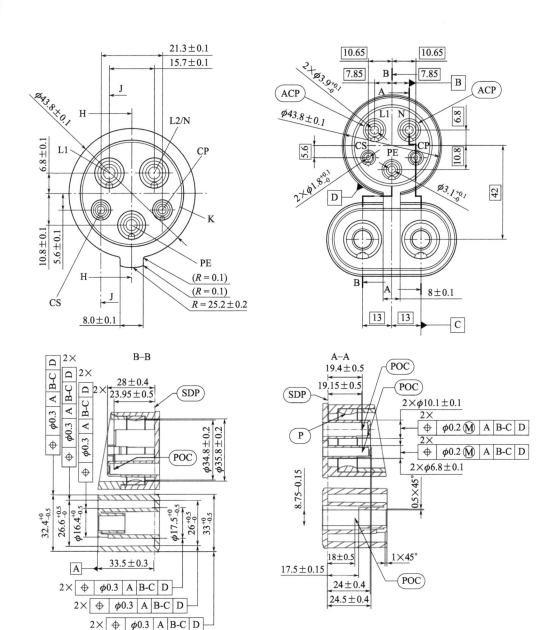

图 3-15　美标直流枪头

（3）插针固定架设计规范

插针固定架起到固定插针的作用，其选材参考表 3-1。

① 材料　PA66+GF25%/PA66+GF30%。

② 装配方式　与外壳用螺钉固定。

③ 外观　黑色 / 光面。

（4）马达锁设计方式

① 材料　PC 或 PA66+GF25%。

② 结构方式　上下两半式设计超声波焊接。

③ 装配方式　用螺钉固定在外壳上。

④ 防水结构　马达齿轮杆与内壳体之间用 O 形圈防水，马达尾部与内壳用防水垫 + 灌防水胶封死，微动开关装配到内壳上，装配到上下壳内，通过超声波焊接形成一个组件，再装到外壳。

⑤ 外观　黑色 / 光面。

（5）锁钩设计规范

枪插入座充电时锁钩起到重要的固定作用，其选材主要考虑硬度可靠性、加工工艺以及表面处理，材质一般选用金属锌合金压铸，锌合金在硬度上和表面处理工艺上要优于铝合金，价格成本比不锈钢便宜，所以市面上大部分的直流枪锁钩都是采用锌合金压铸。

① 材料　锌合金压铸。

② 装配方式　用轴将锁钩与外壳装配，再加上弹簧形成杠杆结构。

③ 外观　黑色 / 电泳 / 喷砂。

④ 弹簧　不锈钢，线径 1.0mm，外径 7.0mm，长度 12.5mm。

⑤ 注意事项

a. 锁钩和电磁锁滑块需要预留 0.1 ～ 0.2mm 的间隙，防止在充电过程中线尾下垂的力量顶起锁钩，压住电磁锁轴，导致电磁锁卡死退不回。国标直流枪锁钩与马达锁匹配间隙如图 3-16 所示。

b. 锁钩下压需要设计限位，如果下压太多会把带弹片的微动开关压坏，导致微动开关的防水圈变形，引起微动开关无法复位。国标直流枪锁钩与微动开关的过盈配合如图 3-17 所示。

（6）线尾夹设计规范

线尾夹作为固定线缆的重要零件，在选材时主要考虑材料的硬度、加工成本以及表面处理，因需要同时满足使用寿命和国标规定的

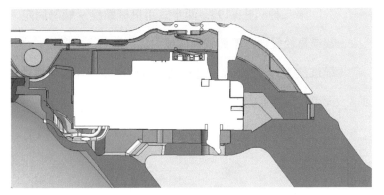

图 3-16　国标直流枪锁钩与马达锁匹配间隙

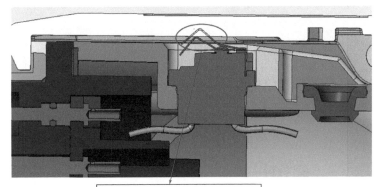

锁钩如果没有限位会把微动开关压坏

图 3-17　国标直流枪锁钩与微动开关的过盈配合

碾压、拉力、扭力等测试，一般都是选用锌合金或铝合金压铸。

① 材料　锌合金 3#、5# 或铝合金 ADC12 压铸。

② 结构方式

第一种（图 3-18）：两半式用机械螺栓＋螺母固定；内圆设计成齿状，单边与线缆过盈 2 ～ 3mm，这种结构使用最为普遍，可靠性最好，装配也相对简单，成本适中。

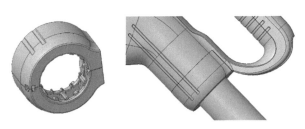

图 3-18　第一种线尾夹结构方式

第二种（图 3-19）：两半式用机械螺栓＋螺母固定，两半按照最大线缆直径设计，不同线径做成内镶块形式，内圆设计成槽状，单边与线缆过盈 2.5 ～ 3.5mm。这种结构可适配多线径，可靠性好，装配也相对简单，成本低。

③ 外观　黑色 / 电泳 / 喷粉，压铸出来后带晒字。

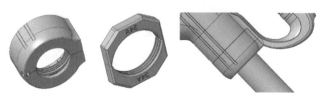

图 3-19　第二种线尾夹结构方式

3. 交流枪结构件设计规范

（1）外壳设计规范

外壳作为枪的重要主体，其选材参考表 3-1。

① 材料　PC。

② 结构方式　一体式或两半式用螺栓固定，交流枪外壳结构大多数为一体式，两半式的结构更便于模具加工，同时也降低模具成本。一体式的外壳装配工艺比两半式的复杂，但是有助于 IP67 的防水结构设计。

③ 尺寸

a. 交流枪外壳平均壁厚 3.0 ～ 4.0mm；最大尺寸≤ 66mm（为了匹配市面上所有车型充电插座口的尺寸，如果枪头尺寸太高会与插座口干涉），如图 3-20 所示。

b. 外壳按钮位置尺寸离枪头≥ 55mm（避免与车辆端充电口的外壳干涉）；枪体和线尾的角度≥ 135°（避免与车辆端充电口的外壳干涉），如图 3-21 所示。

④ 外观　黑色细丝纹，可局部拆件成装饰小块，但不能影响整体结构的强度（符合碾压测试要求）。一体式的外壳可以做包胶来装

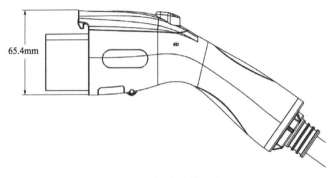

图 3-20 国标交流枪高度尺寸

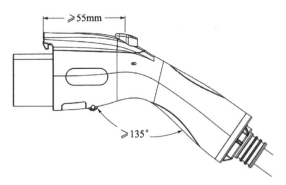

图 3-21 国标交流枪外壳按钮与枪头的距离

饰外观及手感，但是因为包胶会增加成本，所以一般不做包胶，除非客户要求。如需包胶，需注意设计一些倒扣固定在硬胶上，以增加包胶的可靠性。

⑤ 排水孔　排水孔设计在外壳的死角处，例如手柄最尾端和开关盒位置最底部。

⑥ 标贴 /LOGO 位　形状根据外形来调整。

（2）枪头帽设计规范

交流枪的枪头帽多数采用软胶材质，其好处有：第一，用软胶可将枪头和外壳连接起来的钢丝绳省掉，直接和枪头帽做成一体，节省成本；第二，硬胶容易损坏，软胶不会，硬胶零件单价与软胶差不多，但是模具费比软胶贵很多。

① 材料　TPE。

② 结构方式　内径加防水线，与枪头过盈单边 0.1 ～ 0.3mm 紧

配，枪帽绳直接穿到线缆上。

③ 外观 黑色。

（3）枪头设计规范

枪头作为充电枪中最重要的一个零件，其选材参考表 3-1。

① 材料 PA66+GF25%/PA66+GF30%。

② 装配方式 与外壳用螺栓固定。

③ 尺寸 平均壁厚 3.0 ～ 4.0mm，枪头直径按国标设计 ϕ50.9±0.1mm，如图 3-22 所示。

50.82mm

图 3-22 国标交流枪头尺寸

④ 外观 黑色细纹，枪头正表面刻上插针对应的标示。

⑤ 插针孔 插针孔比插针单边大间隙 0.03 ～ 0.05mm。

⑥ 防水结构 在枪头平面设计凹槽放防水圈。

（4）插针固定架设计规范

插针固定架起到固定插针的作用，其选材参考表 3-1。

① 材料 PA66+GF25%/PA66+GF30%。

② 装配方式 与外壳用螺钉固定。

③ 外观 黑色 / 光面。

（5）锁钩设计规范

① 材料 锌合金压铸。

② 装配方式 用轴将锁钩与外壳装配，再加上弹簧形成杠杆结构。

③ 外观 黑色 / 电泳 / 喷砂。

④ 弹簧 不锈钢，线径 0.8mm，外径 6.7mm，长度 22mm。

（6）交流枪锁钩按钮设计规范

锁钩按钮主要起到绝缘作用，预防漏电引起的触电事故，其选材参考表 3-1。

① 材料　PC。

② 装配方式　与锁钩通过螺钉固定。

③ 外观　黑色（与外壳颜色一致）。

（7）线尾夹设计规范

交流枪线尾夹分两种结构，一体式结构，线夹设计在外面，以方便产品实现 IP67 防护等级；两半式结构，线夹设计在枪壳内，两半式的外壳方便结构设计，但其防护等级通常为 IP55 或 IP56。

① 材料　锌合金压铸。

② 结构方式　一体式外壳线尾夹外露结构方式（图 3-23），两半式外壳线尾夹壳内固定方式（图 3-24）。

③ 外观　黑色 / 电泳 / 喷砂，成型方式为压铸。

图 3-23　交流枪一体式线卡结构方式

图 3-24　交流枪两半式线卡结构方式

4. 插针

（1）材料

插针 6mm 以上用紫铜，6mm 以下用黄铜。因为直流充电枪

12mm 的 DC 插针和交流枪 6mm 的 N、L1、L2、L3 插针会在使用中产生高温，紫铜比黄铜更耐高温，导热导电性能更好，在高温的环境下寿命更长。所有不带插针帽的插针将针头做成球状，避免因为针头的边角刮伤端子的内表面。球状插针如图 3-25 所示。

图 3-25　球状插针

（2）尺寸

① 直流枪插针前端按国标规定的尺寸设计，DC+、DC−后端部位长度 ≥ 21mm；PE 后端部位长度 15 ～ 20mm，其他针后端长度 8 ～ 10mm。直流端子尾部压接部位长度如图 3-26 所示。

图 3-26　直流端子尾部压接部位长度

② 交流枪插针前端按国标规定的尺寸设计，N、PE、L1、L2、L3 后端部位长度 10 ～ 12mm，其他针后端长度 8 ～ 10mm。交流端子尾部压接部位长度如图 3-27 所示。

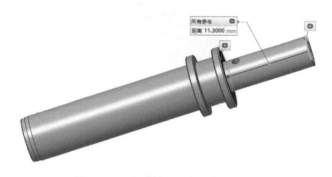

图 3-27　交流端子尾部压接部位长度

（3）插针铆压工艺

① 直流枪 DC+、DC− 与铜线铆压总长度 17 ～ 20mm；PE 与铜线铆压总长度 8 ～ 12mm，其他针铆压长度 5 ～ 6mm，铆压形状为六边形，如图 3-28 所示。

图 3-28　直流端子与线缆压接方式

② 交流枪 N、PE、L1、L2、L3 与铜线铆压位长度 8 ～ 10mm，其他针铆压长度 5 ～ 6mm，铆压形状为六边形。交流端子与线缆压接方式如图 3-29 所示。

图 3-29　交流端子与线缆压接方式

注意：铆压完后要套上热缩套管，热缩套管必须完全套住铆压部位，隔绝铆压部位与空气的直接接触，降低氧化带来的温升影响。

（4）表面处理

充电端子表面处理采用镀镍打底 + 镀银的方式，镀层厚度：直流枪插针 DC-DC+PE 镀铜 1 ～ 2μm、镀镍 1.5 ～ 3μm、镀银 6 ～ 8μm，其他插针镀铜 1 ～ 2μm、镀镍 1 ～ 2μm、镀银 3 ～ 5μm；交流枪 L1、L2、L3、PE 针镀铜 1 ～ 2μm、镀镍 1 ～ 2μm、镀银 3 ～ 5μm，其他插针镀铜 1 ～ 2μm、镀镍 1 ～ 2μm、镀银 3 ～ 5μm。

（5）插针帽设计规范

① 材料　PA66+GF25%/PA66+GF30%。

② 结构方式　插针帽与插针的装配结构有三种扣连接、螺纹连接、包胶；直流用螺纹结构，交流是用扣连接，扣连接在稳固性上会比其他两种方式差些，但成本最低。螺纹结构如图 3-30 所示。卡扣结构如图 3-31 所示。

③ 尺寸　插针帽与插针单边扣合 0.5mm。

图 3-30　螺纹结构

图 3-31　卡扣结构

5. 密封圈

密封圈按应用分为直压垫圈型和侧压活塞型；材质分别有：硅胶（使用温度 −30 ～ 200℃，邵氏硬度 30 ～ 70A）、氟橡胶、乙丙橡胶，高温酸碱环境下使用的首选氟橡胶和硅胶，普通防水防尘选乙丙橡胶。密封圈类型如图 3-32 所示。

图 3-32　密封圈类型

直压垫圈型预压量一般是垫圈总厚度的 20% ～ 30%，硬度为 50 ～ 60A，在硬胶面上还可以加上防水线来加强防水效果。密封垫宽度不小于 2.0mm，一般的宽度是 3 ～ 5mm，一般厚度是 1.0 ～ 2.0mm。

侧压活塞型过盈量单边 10% ～ 30%，硬度为 40 ～ 50A，过盈量根据手感和防水等级而定，侧压型的密封件有标准 O 形圈和定制密封件两种。密封圈的线径不应小于 1.0mm。

（1）枪头密封圈

① 直流枪

a. 材质　硅橡胶密封圈。

b. 颜色　黑色。

c. 结构方式　直压垫圈型，将密封圈装配到枪头防水槽，再把枪头装配到外壳，密封圈与外壳形成直压过盈 0.3 ～ 0.4mm。国标直流枪防水圈结构如图 3-33 所示。

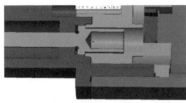

图 3-33　国标直流枪防水圈结构

② 交流枪

a. 枪头与外壳密封

·材质　硅橡胶密封圈。

·颜色　黑色。

·结构方式　侧压活塞型，将 O 形圈装到枪头防水槽，再把枪头装配到外壳，用螺钉固定，密封圈与外壳形成直压过盈 0.2 ～ 0.4mm。一体式外壳 IP55 的防水结构如图 3-34 所示。

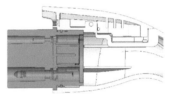

图 3-34　一体式外壳 IP55 的防水结构

b. 枪头线缆密封

·材质　硅橡胶密封圈。

·结构方式　侧压活塞型＋直压垫圈型。将所有铆压好的插针线穿过密封圈装配到枪头。两半式外壳 IP55 的防水结构如图 3-35 所示。

图 3-35　两半式外壳 IP55 的防水结构

（2）插针密封圈

① 直流枪

a. 材质　硅橡胶 O 形密封圈。

b. 颜色　黑色。

c. 结构方式　侧压活塞型＋直压垫圈型。将密封圈装到插针上，密封圈与插针为侧压过盈 0.2 ～ 0.5mm；再把插针装配到枪头，密封圈与枪头为直压过盈 0.2 ～ 0.4mm，如图 3-36 和图 3-37 所示。

图 3-36　侧压活塞型密封圈

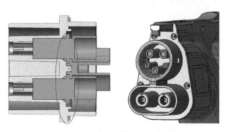

图 3-37　直压垫圈型密封圈

② 交流枪

a. 材质　硅橡胶 O 形密封圈。

b. 结构方式　侧压活塞型。将密封圈装到插针的防水槽中，密封圈与插针为侧压过盈 0.2～0.3mm。再把插针装配到枪头，密封圈与枪头为侧压过盈，单边 0.1～0.2mm，如图 3-38 所示。

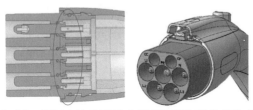

图 3-38　国标交流枪端子 O 形密封圈与枪头结构方式

（3）线尾密封圈

① 材料　硅橡胶密封圈。

② 颜色　黑色。

③ 结构方式　侧压活塞型。与外壳及线缆过盈装配，利用外圆（OD）和内圆（ID）做防水线过盈，OD 侧压与外壳过盈 0.3～0.5mm，ID 侧压与线缆的过盈单边 0.8～1.0mm，直压过盈 0.3～0.5mm。欧标直流枪线缆防水圈与壳体结构方式如图 3-39 所示。

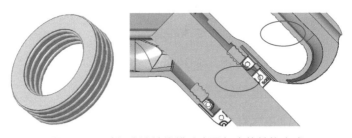

图 3-39　欧标直流枪线缆防水圈与壳体结构方式

（4）马达锁出线口密封圈

① 材料　硅橡胶密封圈。

② 颜色　黑色。

③ 结构方式　侧压活塞型。与外壳及线缆过盈装配，利用防水

圈外圆（OD）与壳体（ID）做过盈，OD 侧压与外壳过盈 0.1～0.3mm，ID 侧压与线缆的过盈单边 0.2～0.3mm；装配挤压防水。国标直流枪马达锁出线口与壳体结构方式如图 3-40 所示。

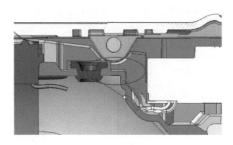

图 3-40　国标直流枪马达锁出线口与壳体结构方式

6. 马达锁

① 额定电压：12V DC（脉冲）。电压范围：12±10%V DC。

② 马达最大电流：250mA。

③ 马达空载电流：≤ 50mA。马达堵转电流：≤ 250mA。

④ 马达扭矩：≥ 0.7kg/cm，DC 12V。

⑤ 转轴径向受力：≤ 200N。

⑥ 旋转角度：30°±2°。

⑦ 响应时间：≤ 100ms。

⑧ 最大通电时间：3s（不可长时间导通）。

⑨ 锁死时间：≤ 300ms。

⑩ 解锁时间：≤ 300ms。

⑪ 温度等级：−20～+85℃。

⑫ 电气寿命：$3×10^4$ 次。

⑬ 绝缘电阻：AC 500V，100MΩ。

⑭ 外壳防护等级：IECIP67。

⑮ 工作占空比：DC 12V，ON：OFF=0.1s：3s。

⑯ 材质：外壳、垫片是 PC；转轴、马达外壳材质是 PA66 工程塑料；O 形圈是硅橡胶。

⑰ 马达锁固定外壳方式，如图 3-41 所示。

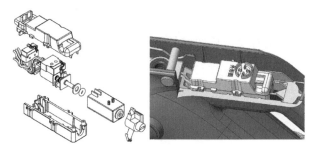

图 3-41　马达锁固定外壳方式

7.线缆

（1）材质

国标交流、直流线为 TPE；欧标交流、直流线为 TPU；美标交流、直流线为 TPE。

（2）TPE 和 TPU 对比

① TPE 特性：成本低，耐热性、耐化学腐蚀性能好，优异的物理性能和抗老化性能极大地降低电缆老化开裂的风险。

TPE 密度：1.10 ～ 1.30g/cm³；邵氏硬度：70 ～ 85A；抗拉强度：8.27MPa；使用温度：40 ～ 125℃。

② TPU 特性：热塑性聚氨酯弹性体（TPU）是一种物理性质介于橡胶和塑胶之间的材料。优异的耐磨性能，磨损值为 0.35 ～ 0.5mg；拉伸强度和拉伸率是天然橡胶和合成橡胶的 2 ～ 3 倍，聚酯型 TPU 拉伸强度 ＞ 60MPa，伸长率 410%，聚氨酯 TPU 拉伸强度 ＞ 50MPa，伸长率 550%；耐油 TUP 具有极好的耐油寿命；耐低温、耐候性、耐臭氧性能优异。

TPU 密度：1.10 ～ 1.25g/cm³；邵氏硬度：70 ～ 85A；抗拉强度 ＞ 50MPa；使用温度：−40 ～ 90℃。

（3）尺寸

① 国标直流枪线缆外径：32.0mm/80A；34.0mm/125A；39.5mm/200A；40.0mm/250A。

欧标直流枪线缆外径：20.0mm/80A；26.0mm/125A；28.5mm/150A；34.0mm/200A。

美标交流枪线缆外径：26.0mm/80A；32.0mm/125A；37mm/150A；40.0mm/200A。

② 国标交流枪线缆外径：16A 单相为 13.6mm；16A 三相为 16.8mm；

32A 单相为 15.8mm/16.8mm；32A 三相为 19.5mm；63A 三相为 29.0mm。

（4）规格

① 直流枪线缆规格

国标直流枪线缆规格如下。

a. 80A/750 ～ 1000V：$2\times25mm^2+25mm^2+2\times4mm^2+2P$（$2\times1.0mm^2$）$+P$（$6\times1.0mm^2$）；

$2\times25mm^2+25mm^2+2\times4mm^2+2P$（$2\times1.0mm^2$）$+P$（$7\times1.0mm^2$）。

b. 125A/750 ～ 1000V：$2\times35mm^2+25mm^2+2\times4mm^2+2P$（$2\times1.0mm^2$）$+P$（$6\times1.0mm^2$）；

$2\times35mm^2+25mm^2+2\times4mm^2+2P$（$2\times1.0mm^2$）$+P$（$7\times1.0mm^2$）。

c. 200A/750 ～ 1000V：$2\times50mm^2+25mm^2+2\times4mm^2+2P$（$2\times1.0mm^2$）$+P$（$6\times1.0mm^2$）；$2\times50mm^2+25mm^2+2\times4mm^2+2P$（$2\times1.0mm^2$）$+P$（$7\times1.0mm^2$）。

d. 250A/750 ～ 1000V：$2\times70mm^2+25mm^2+2\times4mm^2+2P$（$2\times1.0mm^2$）$+P$（$6\times1.0mm^2$）；$2\times70mm^2+25mm^2+2\times4mm^2+2P$（$2\times1.0mm^2$）$+P$（$7\times1.0mm^2$）。

② 交流枪线缆规格

国标交流枪线缆规格如下。

a. 16A 单相 220 ～ 250V：$3\times2.5mm^2+1\times0.75mm^2$；

b. 16A 单相 220 ～ 250V：$3\times2.5mm^2+2\times0.75mm^2$；

c. 16A 三相 380 ～ 440V：5×2.5mm² + 1×0.75mm²；

d. 16A 三相 380 ～ 440V：5×2.5mm² + 2×0.75mm²；

e. 32A 单相 220 ～ 250V：3×6mm² + 1×0.75mm²；

f. 32A 单相 220 ～ 250V：3×6mm² + 2×0.75mm²；

g. 32A 三相 380 ～ 440V：5×6mm² + 1×0.75mm²；

h. 32A 三相 380 ～ 440V：5×6mm² + 2×0.75mm²；

i. 63A 三相 380 ～ 440V：5×16mm² + 1×0.75mm²；

j. 63A 三相 380 ～ 440V：5×16mm² + 2×0.75mm²。

（5）颜色

黑色／橙色／绿色／蓝色。

3.2.2 充电连接器

1. 连接器的设计开发流程（表 3-2）

表 3-2　连接器的设计开发流程

节点	流程图			主导部门
项目立项阶段	立项需求申请 ← 市场需求情况			销售／市场
设计开发阶段	是 ↓ 设计输入 ←	1.金属还是塑料连接器 2.额定电压、电流 3.芯数 4.接屏蔽或非屏蔽线 5.防护等级 6.安装尺寸 7.使用量及应用环境 8.竞争对手成本 9.DFMEA 10.客户其他要求		研发
	↓ 设计输出 ←	1.工程图纸 2.BOM 3.规格书 4.产品成本核算 5.初始工艺流程图		

2. 连接器的性能要求

（1）一般要求

① 外观　连接器的外观应清晰、牢固地标有产品基本信息，并

符合 T/CSAE 178—2021 5.1. 的要求。

连接器的标记应符合 GB/T 18384.3—2015 中第 5 章的要求。

连接器易触及的表面应无毛刺、飞边及类似尖锐边缘。

② 结构

a. 连接器的基本防护应满足 GB/T 18384.3—2015 中 6.2 的要求：插合状态的人体防护等级为 IPXXD，非插合状态的连接器防护等级为 IPXXB。

b. 具有高压互锁功能的连接器，其功率和信号端子应满足：连接时，功率端子先接通，信号端子后接通。高压端子实现可靠电气连接后，HVIL 端子须至少 1mm 的行程才能接触；断开时，信号端子先断开，功率端子后断开。HVIL 端子分离至少 1mm 以上，高压端子应保持电气连接。

c. 连接器的电缆压接、螺纹连接、焊接等连接位置，应无松脱、断裂等结构缺陷。

d. 若连接系统带有屏蔽层，则屏蔽层应具有可接地结构。

e. 高压连接器键位最少 2 种，最多 5 种，键位可由 A、Y、U、V、W 等字母组成，满足防误插插拔力 >350N。

f. 带有 HVIL 功能的连接器应设计有二次锁紧结构。

③ 温度等级　连接器工作温度等级按照表 3-3 规定，如无要求则默认工作温度为 −40 ～ +125℃。

表 3-3　工作温度等级

等级	工作温度范围	适用位置
T1	−40 ～ 85℃	乘员舱（不推荐）
T2	−40 ～ 100℃	乘员舱、发动机舱
T3	−40 ～ 125℃	发动机舱，电机总成
T4	−40 ～ 150℃	发动机总成及发热部件附近位置（高温位置）
T5	−40 ～ 175℃	由供需双方商定

（2）电气性能

① 额定电压 连接器额定电压应符合表 3-4 的规定。

表 3-4 额定电压等级

电压等级	最大工作电压 /V	
	直流	交流（rms）
B	$60 < U \leqslant 1500$	$30 < U \leqslant 1000$

② 额定电流 单个接触件的额定工作电流应符合表 3-5 的规定。

表 3-5 额定工作电流（工作环境温度 30℃）

导体截面积 /mm²	单个接触件的额定电流 /A
2.5	20
4	25
6	40
10	60
16	80
25	120
35	150
50	200
70	250
95	300
120	350
135	400
150	500

当多接触件同时工作时，其额定电流折算系数应符合表 3-6 的规定。

表 3-6 额定工作电流折算系数

接触件数目	1	2～3	4～5	6～8	9～12	13～20	13～20	>30
额定工作电流折算系数	1	0.75	0.6	0.55	0.5	0.4	0.3	0.2

③ 介电强度 按照 T/CSAE 178—2021 6.3.6 测试，要求漏电流小于 5mA。

④ 绝缘电阻 连接器按照 T/CSAE 178—2021 6.3.5 测试，环境试验前后，1000V DC 下，被试验连接器中任何两个相邻金属组件之间

（包括端子与端子、端子与屏蔽层、屏蔽层与外壳之间、端子与外壳之间）的绝缘电阻值至少为100MΩ，屏蔽绝缘电阻至少为100MΩ；HVIL端子在500V DC下，两个HVIL端子间的绝缘电阻至少为100MΩ。

⑤ 连接电阻　连接器的接触电阻由插针和插孔插合的接触电阻、端子压接线缆处的压接电阻及端子的本体电阻组成，按照T/CSAE 178—2021 6.3.1测试连接电阻，试验后连接电阻应满足表3-7、表3-8要求。连接电阻如图3-42所示。

表3-7　片式端子连接电阻

序号	端子规格 X/mm	连接电阻 /mΩ	
		试验前	试验后
1	0.64	8.0	16.0
2	1.5	6.0	12.0
3	2.8	5.0	10.0
4	4.8	3.0	6.0
5	6.35	2.0	4.0
6	7.8	1.5	3.0
7	9.5	1.0	2.0

注：表格未列出端子规格的连接电阻可通过插值来确定

表3-8　圆孔端子连接电阻

序号	端子规格 X/mm	连接电阻 /mΩ	
		试验前	试验后
1	$X < \phi 3$	10.0	20.0
2	$\phi 3 \leqslant X < \phi 6$	5.0	10.0
3	$\phi 6 \leqslant X \leqslant \phi 8$	2.0	4.0
4	$X > \phi 8$	1.0	2.0

⑥ 温升　按照T/CSAE 178—2021 6.3.3测试，每10min采样间隔温升小于2K视为温度稳定状态，试验后温升小于50K。

⑦ 电磁抗扰性能　按照GB/T 37133—2018附录C测试连接器屏蔽效能，电磁屏蔽效能满足表3-9要求。

计算连接电阻：
$R_c = R_e - R_b - R_d$

标引序号说明：
T_1、T_2——测量点；
a——推荐距离；
b——电缆电阻R_b；
c——连接电阻R_c；
d——电缆电阻R_d；
e——测量电阻R_e。

图 3-42 连接电阻示意图

表 3-9 电磁屏蔽效能

屏蔽分级	屏蔽效能 /dB
E1	≥ 20，< 40
E2	≥ 40，< 60
E3	≥ 60

⑧ 电流连续性　在需要电流连续性监控时，连接器所有孔位均要进行监测。按照 T/CSAE 178—2021 6.1.6 进行连续性测试，在试验回路中，任何被测量端子对的电阻连续大于 7Ω 的时间不超过 1μs，如图 3-43 所示。

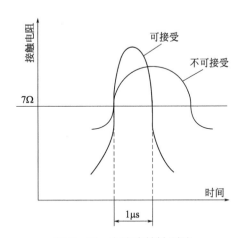

图 3-43 电流连续性测试

⑨ 电流循环　按照 T/CSAE 178—2021 6.3.4 进行测试，在试验过程中，任一端子对的温升不应超过 55K，任一端子对地连接电阻不应超过表 3-7 和表 3-8 的规定。

（3）环境性能

① 高温老化　按照 T/CSAE 178—2021 6.4.4 方法进行测试，在最高温度等级下测试，试验后连接器连接电阻、绝缘电阻、介电强度及防水、气密性满足本规范要求。

② 低温操作　按照 T/CSAE 178—2021 6.4.5 方法进行测试，试验后连接器的外观、连接电阻、绝缘电阻、介电强度满足本规范要求。

③ 温度冲击　按照 T/CSAE 178—2021 6.4.6 方法进行测试，试验后连接器的连接电阻、绝缘电阻、介电强度满足本规范要求。

④ 温湿循环　按照 T/CSAE 178—2021 6.4.7 方法进行测试，试验后连接器外观、端子保持力、连接电阻、绝缘电阻、介电强度满足本规范要求。

⑤ 盐雾试验　按照 T/CSAE 178—2021 6.4.9 方法进行测试，试验后连接器无起泡、生锈现象，试验后连接器操作力、绝缘电阻、介电强度、气密性符合要求。

⑥ 密封防水性能（IP67）　按照 GB 4208—2008 14.2.7 方法进行测试，试验后内部无进水。

⑦ 阻燃性能（V-0 级）　连接器应满足 GB/T 2408—2021 中 V-0 等级要求。

⑧ 耐化学剂性能　按照 T/CSAE 178—2021 6.4.8 方法进行测试，试验后连接器外观、绝缘电阻、介电强度及气密性满足本规范要求。

⑨ 气密性要求　按照 T/CSAE 178—2021 6.4.2 进行测试，试验过程中，当达到规定压力时，连接器不应有气泡冒出；试验后，连接器绝缘电阻、介电强度满足本规范要求，且内部目视无水分。

（4）机械性能

① 机械振动　连接器的振动等级按照表 3-10 划分，按照 T/CSAE 178—2021 6.2.20 测试，试验过程中对所有接触端子对的电阻进行监测，任何被测量端子对的电阻连续大于 7Ω 的时间不超过 1μs，

测试后端子镀层允许有磨损，但是不能漏出基材，试验后外观、连接电阻、绝缘电阻、介电强度满足本规范要求。

表 3-10　振动等级

等级	应用类型
V1	安装在车身上弹性部位[①]但不与动力总成相连的连接器
V2	安装在与动力总成相连但不与剧烈振动部件相连的连接器
V3	与动力总成直接连接的连接器
V4	根据需要安装在极端振动区域
V5	车轮上

①弹性部位指车身上通过悬挂系统支撑的部位。弹性部位不包括轮胎、轮毂、刹车盘（鼓）等部位。

② 机械冲击　按照 T/CSAE 178—2021 6.2.21 进行测试，试验过程中对所有接触端子对的电阻进行监测，任何被测量端子对的电阻连续大于 7Ω 的时间不超过 1μs，测试后端子镀层允许有磨损，但是不能漏出基材，试验后外观、连接电阻、电压降、绝缘电阻、介电强度满足本规范要求。

③ 机械寿命　连接器插拔寿命测试次数如表 3-11 所示，根据 T/CSAE 178—2021 6.2.15 对连接器进行空载插拔循环测试，测试连接器样品无附件位移和损坏，测试后端子镀层允许有磨损，但是不能漏出基材，试验后连接电阻、电压降、绝缘电阻、介电强度、气密性满足本规范要求。

表 3-11　插拔等级

等级	插拔次数	类型描述
M1	10	在维修服务过程中不经常拆卸，车辆组装好以后不希望被拆卸
M2	50	在维修服务过程中经常拆卸
M3	由供需双方商定	连接器的通断作为零件的正常功能。在实验报告中需要记录插拔次数

④ 接触件的插入力和分离力　接触件的插入力和分离力应满足表 3-12 规定。

表 3-12　接触件插入力和分离力

接触件直径 φ /mm	最大插入力 /N	最大直径试验针（−0.003 ~ 0）/mm	最小分离力 /N	最小直径试验针（0 ~ +0.003）/mm
1.0	4	1.02	0.4	0.98
1.59	8	1.61	1	1.57
2.4	8	2.413	1	2.362
3.0	20	3.025	3	2.975
3.6	20	3.632	3	3.581
5.7	35	5.740	7	5.690
6.0	35	6.025	7	5.975
8.0	35	8.025	15	7.975
9.1	40	9.093	15	9.042
10.0	40	10.025	15	9.975
12.0	45	12.025	20	11.975
14.0	45	14.025	20	13.975

⑤ 连接器的操作力　按照 T/CSAE 178—2021 6.2.14 测试连接器的操作力，结果应满足表 3-13 要求。

表 3-13　连接器操作力

连接器类型	操作力	要求
不带助力机构的连接器	接合力	≤ 75N
	分离力	≤ 75N
	锁止强度	≥ 120N
	解锁力	6 ~ 51N
带助力机构的连接器	预装接合力	≤ 75N
	预装分离力	15 ~ 75N
	助力机构初始保持力	≥ 10N
	接合力	≤ 75N
	分离力	≤ 75N
	锁止强度	≥ 120N
	解锁力	6 ~ 51N

⑥ 跌落　按照 T/CSAE 178—2021 6.2.19 进行跌落测试，试验后，护套适用组件不应从装配位置脱落，不能出现功能性损伤及影响功能的开裂。

⑦ 屏蔽环保持力　按照 T/CSAE 178—2021 6.2.2.1 测量屏蔽环与电缆之间的拉力，拉力大小应符合表 3-14 要求。

表 3-14　屏蔽环与电缆拉力

电缆屏蔽层直径 d/mm	最小拉脱力 /N
d ≤ 5	50
5 < d ≤ 8	100
d > 8	150

⑧ 压接强度　线缆与接插件压接时，压缩比应为 70%～80%，端子 - 电缆拉力按照 T/CSAE 178—2021 6.2.2.2 测试，结果应符合拉脱力要求，HVIL 端子应符合 QC/T 29106—2014 中 4.4.6 规定的连接强度的要求，如有其他要求，由供需双方协商确定。

⑨ 端子保持力　按照 T/CSAE 178—2021 6.2.3 进行测试，连接器接触件保持力应满足表 3-15 要求。

表 3-15　端子保持力

电缆规格 s/mm²	一次锁止保持力[①]/N	潮湿处理后保持力（带 TPA）/N	温度 / 湿度循环后保持力（带 TPA）/N
0.3 ≤ s < 0.5	> 30	> 60	> 50
0.5 ≤ s < 0.75	> 45	> 70	> 50
0.75 ≤ s < 2	> 60	> 90	> 50
2 ≤ s < 5	> 80	> 110	> 50
5 ≤ s < 8	> 125	> 175	> 75
8 ≤ s < 32	> 180	> 235	> 115
s ≥ 32	> 200	> 450	> 225

① 包括连接器带 PLR 的情况

⑩ 尾部连接器接触件与护套保持力　按照 T/CSAE 178—2021 6.2.4 进行测试，设备连接器端子保持力应符合表 3-16 要求。

表 3-16 设备连接器端子保持力

端子规格 X/mm	最小保持力 /N
$X < 1.2$ 或 $X < \phi 1$	15
$X \geqslant 1.2$ 或 $X \geqslant \phi 1$	50

注：仅适用于端子尾部非电缆连接的设备连接器，如 PCB 焊接，紧固件连接等。

3. 连接器设计

（1）爬电距离设计

连接器的爬电距离按照 GB/T 16935.1—2008 中污染等级 3 进行设计，避免由于电痕化故障的最小爬电距离见表 3-17。

表 3-17 避免由于电痕化故障的最小爬电距离

单位：mm

电压有效值 /V	印刷线路材料		污染等级						
	1	2	1	2			3		
	所有材料组别	所有材料组别，除Ⅲb	所有材料组别	材料组别					
				Ⅰ	Ⅱ	Ⅲ	Ⅰ	Ⅱ	Ⅲ
10	0.025	0.040	0.080	0.400	0.400	0.400	1.000	1.000	1.000
12.5	0.025	0.040	0.090	0.420	0.420	0.420	1.050	1.050	1.050
16	0.025	0.040	0.100	0.450	0.450	0.450	1.100	1.100	1.100
20	0.025	0.040	0.110	0.480	0.480	0.480	1.200	1.200	1.200
25	0.025	0.040	0.125	0.500	0.500	0.500	1.250	1.250	1.250
32	0.025	0.040	0.14	0.53	0.53	0.53	1.30	1.30	1.30
40	0.025	0.040	0.16	0.56	0.80	1.10	1.40	1.60	1.80
50	0.025	0.040	0.18	0.60	0.85	1.20	1.50	1.70	1.90
63	0.04	0.063	0.20	0.63	0.90	1.25	1.60	1.80	2.00
80	0.063	0.100	0.22	0.67	0.95	1.30	1.70	1.90	2.10
100	0.100	0.160	0.25	0.71	1.00	1.40	1.80	2.00	2.20
125	0.160	0.250	0.28	0.75	1.05	1.50	1.90	2.10	2.40
160	0.250	0.400	0.32	0.80	1.10	1.60	2.00	2.20	2.50
200	0.400	0.630	0.42	1.00	1.40	2.00	2.50	2.80	3.20

电压有效值/V	印刷线路材料 污染等级 1 所有材料组别	印刷线路材料 污染等级 2 所有材料组别，除Ⅲb	污染等级 1 所有材料组别	污染等级 2 材料组别 I	污染等级 2 材料组别 Ⅱ	污染等级 2 材料组别 Ⅲ	污染等级 3 材料组别 I	污染等级 3 材料组别 Ⅱ	污染等级 3 材料组别 Ⅲ
250	0.560	1.000	0.56	1.25	1.80	2.50	3.20	3.60	4.00
320	0.750	1.60	0.75	1.6	2.20	3.20	4.00	4.50	5.00
400	1.0	2.0	1.0	2.0	2.8	4.0	5.0	5.6	6.3
500	1.3	2.5	1.3	2.5	3.6	5.0	6.3	7.1	8.0 (7.9)
630	1.8	3.2	1.8	3.2	4.5	6.3	8.0 (7.9)	9.0 (8.7)	10.0 (9.0)
800	2.4	4.0	2.4	4.0	5.6	8.0	10.0 (9.0)	11.0 (9.6)	12.5 (10.2)
1000	3.2	5.0	3.2	5.0	7.1	10.0	12.5 (10.2)	14.0 (11.2)	16.0 (12.8)

（2）电气间隙设计

连接器的电气间隙应满足 GB/T 16935.1—2008 的要求，对于海拔超过 2000m 使用环境的连接器，最小电气间隙应乘以修正系数。耐受瞬时过电压的电气间隙见表 3-18。

表 3-18　耐受瞬时过电压的电气间隙

单位：mm

要求的冲击耐受电压[①] /kV	情况 A 非均匀电场 污染等级 1	情况 A 非均匀电场 污染等级 2	情况 A 非均匀电场 污染等级 3	情况 A 均匀电场 污染等级 1	情况 A 均匀电场 污染等级 2	情况 A 均匀电场 污染等级 3
0.33	0.01			0.01		
0.40	0.02	0.2	0.8	0.02	0.2	0.8
0.50	0.04			0.04		

要求的冲击耐受电压① /kV	情况A 非均匀电场			情况A 均匀电场		
	污染等级					
	1	2	3	1	2	3
0.60	0.06			0.06		
0.80	0.10	0.2		0.10	0.2	
1.0	0.15		0.8	0.15		
1.2	0.25	0.25		0.2		0.8
1.5	0.5	0.5		0.3	0.3	
2.0	1.0	1.0	1.0	0.45	0.45	
2.5	1.5	1.5	1.5	0.60	0.60	
3.0	2.0	2.0	2.0	0.80	0.80	
4.0	3.0	3.0	3.0	1.2	1.2	1.2
5.0	4.0	4.0	4.0	1.5	1.5	1.5
6.0	5.5	5.5	5.5	2.0	2.0	2.0
8.0	8.0	8.0	8.0	3.0	3.0	3.0
10.0	11	11	11	3.5	3.5	3.5
12	14	14	14	4.5	4.5	4.5
15	18	18	18	5.5	5.5	5.5
20	25	25	25	8.0	8.0	8.0
25	33	33	33	10	10	10
30	40	40	40	12.5	12.5	12.5
40	60	60	60	17	17	17
50	75	75	75	22	22	22
60	90	90	90	27	27	27
80	130	130	130	35	35	35
100	170	170	170	45	45	45

① 对功能绝缘而言是预期发生在跨电气间隙两端的最大冲击电压；对直接承受低电压电网瞬时过电压的基本绝缘是指设备的额定冲击电压；对其他基本绝缘而言是指电路中可能发生的最大冲击电压。

（3）插针的结构设计规范

① 插针压接区　插针压接区尺寸应满足表3-19的要求。

② 焊接端子焊接处尺寸　焊接端子应满足 USCAR38 相关要求，其焊接处尺寸应满足如表 3-20 要求。

表3-19 线材与端子压接区尺寸比照表

序号	线材供应商 ISO 面积/mm²	线材供应商 导体规格	线材供应商 实际绞合尺寸/mm	线缆 OD/mm	端子压接区尺寸/mm A	B	L	d	拉力值/N 标准法标 (NFF 61—030)	拉力值/N 国际 QC/T 29106—2014	电流大小/A
1	0.75	24/0.2BC (0.754mm²)	1.20	2.60±0.10	2.50	1.50	7.00	1	80（中）	80（中）	10
2	1.5	48/0.2BC (1.508mm²)	1.62	2.90±0.10	3.20	1.90	7.00	1	240（法）	150	13
3	2.5	80/0.2BC (2.513mm²)	2.10	3.70±0.20	4.00	2.40	10.00	1	400（法）	200	16
4	4	126/0.2BC (3.955mm²)	2.28	4.50±0.25	5.00	3.00	10.00	1	620（法）	270	20
5	6	7/28/0.2BC (6.158mm²)	3.34	5.00±0.30	6.00	3.60	15.00	1.5	840（法）	450	32
6	10	7/46/0.2BC (10.116mm²)	4.45	6.40±0.30	7.20	4.70	15.00	1.5	1300（法）	500	40
7	16	7/73/0.2BC (16.054mm²)	5.80	8.00±0.35	9.00	6.20	15.00	1.5	1650（法）	1500	70
8	25	19/42/0.2BC (25.07mm²)	7.20	10.00±0.40	10.50	7.40	15.00	2	2300（法）	1900	100
9	35	19/59/0.2BC (35.217mm²)	9.00	11.60±0.40	13.50	9.50	20.00	2	2800（法）	2200	125
10	50	19/84/0.2BC (50.139mm²)	10.50	13.51±0.50	14.00	11.20	20.00	2	3300（法）	2700	180
11	70	2235/0.2BC (70.018mm²)	12.20	15.30±0.50	16.80	13.00	20.00	2	3900（法）	2700	250
12	80	2790/0.19BC (79.0645mm²)	12.40	16.10±0.40	18.20	13.20	20.00	2	4000	2700	250
13	95	37/82/0.2BC (95.316mm²)	14.00	17.20±0.50	20.00	15.00	20.00	2	4500	2700	300

1. 拉力标准参照：QC/T 29106—2014；NFF 61—030

2. 16～95mm²端子规格及铆压标准：GB/T 14315—2008

当PE插针需要并信号线一起压接时，压线杯尺寸A、B各增加 1.5～2mm，L尺寸无法满足要求时可以适当调整。

压接位置参考（可视孔后）
有效压接范围
$1.00^{+0.5}_{-0}$

φA φB L L-d d

锥形倒角
（条件允许下增加此倒角）

表 3-20 焊接处尺寸要求

线端间隙小于3mm
焊接两侧面要求平

备注：
1. 以上尺寸为推荐尺寸，若端子尺寸由特殊要求，可适当调整焊接区域尺寸；
2. 上述焊接宽度是基于焊接宽度 W2 估算，若 W2 尺寸改变，则焊后高度改变；
3. 剥线长度 =L+L1+3mm；端子焊接面长度 =L+L2+3mm

线径 /mm²	端子厚度 /mm	端子宽度 W1/mm	焊接区域宽度 W2/mm	焊接区域长度 L/mm	线头预留长度 L2/mm	线尾预留长度 L1/mm	焊后高度 /mm
6	1～2	4	4	6～10	0～3	0～2	1.4～1.8
8	1～2	4	4	6～10	0～3	0～2	1.9～2.4
10	1～2	4	4	6～10	0～3	0～2	2.3～3
12	1～2	7	7	6～10	0～3	0～2	1.6～2
14	1～2	7	7	6～10	0～3	0～2	1.9～2.4
16	1～2	8	8	6～10	0～3	0～2	1.9～2.4
18	2～3	8	8	10～12.7	0～3	0～2	2.1～2.7
20	2～3	9	9	10～12.7	0～3	0～2	2.1～2.7
25	2～3	9	9	10～12.7	0～3	0～2	2.6～3.4
30	2～3	10	10	10～12.7	0～3	0～2	2.8～3.6
35	2～3	11	11	10～12.7	0～3	0～2	3～3.8
40	3～4	13	13	10～12.7	0～3	0～2	2.9～3.7
50	3～4	15	15	10～12.7	0～3	0～2	3.1～4
60	3～4	17	17	10～12.7	0～3	0～2	3.4～4.2
70	3～4	18	18	12.7	0～3	0～2	3.7～4.7
80	3～4	18	18	12.7	0～3	0～2	4.2～5.4
95	3～4	20	20	12.7	0～3	0～2	4.7～6.0

③ 插针的材料及表面处理　5.7mm 以下规格机加工插针建议选用 H65Y2 或者 H62Y2，或 H62 插针退火处理，退火后维氏硬度不大于 100HV，冲压插针建议选用 C2680 3/4H。

5.7mm 及以上规格机加工插针建议选用 C11000 H02，即 T2 紫铜。插针的电镀要求见表 3-21。

表 3-21　插针的电镀要求

零件类别	镀层类别	标准电镀要求
信号类端子	镀漂金	镍底 2 ~ 3μm，漂金 0.025 ~ 0.075μm
信号类端子	镀镍	铜底 1 ~ 3μm，镀镍 2 ~ 5μm
信号类端子	镀锡	镍底 2 ~ 3μm，镀雾锡 3 ~ 5μm
5.7mm 以下功率端子	镀银	铜底 1.25μm，镀镍 2.5μm，镀银 1.25μm
5.7mm 及以上功率端子	镀银	镍底 1.25 ~ 3.75μm，镀银 3 ~ 5μm

④ 插针的尺寸结构设计要求　插针接触件插合端结构尺寸及插针接触件的插合端头部允许的平面尺寸如图 3-44 及表 3-22 所示。插针接触件的插合端近似为半球面，插针插合端表面粗糙度应为 $Ra0.8$。

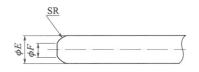

图 3-44　插针接触件插合端结构尺寸

表 3-22　插针接触件的插合端尺寸

序号	插针规格 /m	插合端直径 ϕE/m	插合端头部平面直径 ϕF/m	备注
1	$\phi14$	$\phi14$ (0, −0.03)	—	
2	$\phi12$	$\phi12$ (0, −0.03)	—	
3	$\phi10$	$\phi10$ (0, −0.03)	—	端子要安装防触手保护帽
4	$\phi8$	$\phi8$ (0, −0.03)	—	
5	$\phi6$	$\phi6$ (0, −0.03)	—	

序号	插针规格 /m	插合端直径 ϕE/m	插合端头部平面直径 ϕF/m	备注
6	$\phi 5.7$（4#）	$\phi 5.7$（0，-0.03）	$\phi 2.54 \pm 0.25$	
7	$\phi 3.6$（8#）	$\phi 3.6$（0，-0.03）	$\phi 1.93 \pm 0.25$	
8	$\phi 3.18$（10#）	$\phi 3.18$（0，-0.03）	$\phi 1.83 \pm 0.25$	
9	$\phi 3$	$\phi 3$（-0.02，-0.05）	$\phi 1.8 \pm 0.25$	
10	$\phi 2.5$	$\phi 2.5$（-0.02，-0.05）	$\phi 1.4 \pm 0.1$	
11	$\phi 2.39$（12#）	$\phi 2.39$（0，-0.03）	$\phi 1.4 \pm 0.1$	
12	$\phi 2.3$	$\phi 2.3$（0，-0.03）	—	
13	$\phi 2$（14#）	$\phi 2$（-0.02，-0.05）	$\phi 0.8 \pm 0.1$	
14	$\phi 1.59$（16#）	$\phi 1.59$（0，-0.03）	—	
15	$\phi 1.02$（20#）	$\phi 1.02$（0，-0.03）	—	
16	$\phi 1$	$\phi 1$（-0.01，-0.03）	—	

⑤ 插孔的材料及表面处理　插孔端子一般分为弹性接触件和套筒两部分，信号端子的弹性件一般用磷青铜，功率端子的弹性件一般采用铍铜，这几种材料的导电率如表 3-23 所示。

表 3-23　插孔材料导电率

种类	磷青铜	磷青铜	磷青铜	铍铜	黄铜
编号	C5191	C5210	C7025	C17400	C2680
导电率	13%	12%	38%	45%	26%

铍铜弹性件一般要进行热处理，热处理后硬度为：HV380 ～ 420。插孔的电镀要求见表 3-24。

表 3-24　插孔的电镀要求

零件类别	镀层类别	标准电镀要求
信号类端子	镀漂金	镍底 2 ～ 3μm，漂金 0.025 ～ 0.075μm
信号类端子	镀镍	铜底 1 ～ 3μm，镀镍 2 ～ 5μm
信号类端子	镀锡	镍底 2 ～ 3μm，镀雾锡 3 ～ 5μm
5.7mm 以下功率端子	镀银	铜底 1.25μm，镀镍 2.5μm，镀银 1.25μm
5.7mm 及以上功率端子	镀银	镍底 1.25 ～ 3.75μm，镀银 3 ～ 5μm

⑥ 插孔的结构类型与应用　插孔的结构类型主要有：片簧式结构、冠簧式结构、扭转冠簧式结构等。

a. 片簧式结构　片簧式结构一般用于信号端子或要求载流不大的端子，也可称为臂槽收口式结构，片簧式结构可根据口部开槽的数量分为：两片、三片、四片、六片、八片，常用的有四片与六片。片簧式结构如图 3-45 所示。

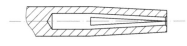

图 3-45　片簧式结构示意图

在改进型片簧式插孔外侧加不锈钢套管，可保护插孔的弹性臂，并可防止其直径大于插孔的探针或其他有害插入，因而使插孔的可靠性得到了一定的改善。片簧式结构示意图（改进型）如图 3-46 所示。片簧式插孔材质一般选用磷青铜，电镀可以根据客户要求选择漂金、镀镍或者镀锡，电镀要求见表 3-24，套管材质选用不锈钢 304 或者 303。

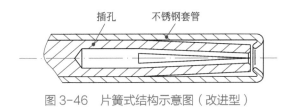

图 3-46　片簧式结构示意图（改进型）

b. 冠簧式结构　5.7mm 以下功率端子一般建议选用冠簧式结构，如图 3-47 所示。

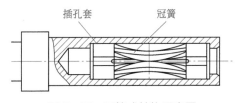

图 3-47　冠簧式结构示意图

冠簧式结构主要由冠簧圈和孔套组成。冠簧圈是采用弹性好、疲劳极限高、导电性能优、工作温度高的铍青铜带冲压成两端相连的条状，然后卷圆、收腰形成两端大中间小的结构。当插针插入时，冠簧圈的多根弹性金属带同时产生变形，并紧紧包络于插针表面形成稳定可靠的电接触。该结构具有通载能力强、接触电阻低而稳定、插拔力柔和、寿命长、耐强振动冲击等优点，现广泛用于各种大电流连接器中。

5.7mm 以下功率端子冠簧选用铍铜，插孔套选用黄铜 H62 Y2 或者 H65 Y2，3.6mm 插孔端子接 10mm² 线可选用 C14500（碲铜），电镀铜底 1.25μm，镀镍 2.5μm，镀银 1.25μm。

c.扭转冠簧式结构　5.7mm 及以上功率端子建议选用扭转冠簧插孔结构，如图 3-48 所示。

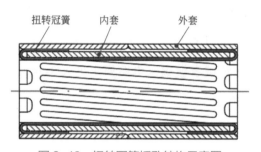

图 3-48　扭转冠簧插孔结构示意图

3.2.3　充电桩结构工艺设计

充电桩在结构工艺设计上，趋向于更具科技感、未来感以及亲和力的设计。其造型设计在实现功能的基础上，尽可能地缩小占地空间，看起来更加小巧灵动，并给人很强的立体感，使其更加适用于实际运用中。

小蜂家用系列充电产品中的蜜玉交流桩是以公子如玉、淡雅温润之意为设计来源，将品牌中蜜蜂的造型与玉相结合，通过极致的细节推敲，达到曲直有度，柔而带刚的目的，其传统美学与现代简约结合的特性，令其柔而有骨，自然而时尚，温雅而坚忍，如图 3-49 所示。

小海螺充电桩是以经典的阿基米德螺旋线为设计元素，将几何美学运用到与人们生活出行息息相关的充电桩上，凸显流畅而富有活力的线条，如图 3-50 所示。

小蜂运营系列充电产品中的交流桩、小直流桩、大直流桩采用家族体系外观设计（如图 3-51 ～图 3-53 所示），提高产品的辨识度、品牌感。外观通体采用闪灰银的金属粉喷塑工艺，人机交互区域采用大面积钢化玻璃，使整个产品更具科技感和未来感。

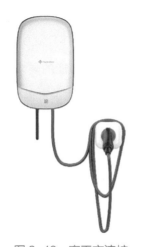

图 3-49　蜜玉交流桩

图 3-50　小海螺充电桩

图 3-51　交流桩

图 3-52　小直流桩

图 3-53　大直流桩

在结构设计上，交流桩产品要保证在功能齐全的基础上尽可能地缩小外观尺寸，内部布局紧凑，走线合理。由于交流桩出货量大，结构设计时还要从生产工艺着手，简化安装步骤，让产品安装可以流水线式作业。充电桩产品使用环境复杂，安装在户外会长期日晒雨淋，因此壳体设计时要考虑防水、防潮，外壳材料要防锈、抗氧化、防紫外线。小蜂充电的所有交流桩产品都采用 PC/ABS 材质，表面经过抗 UV 处理。立柱采用铝型材一体成型，表面电泳，可保证户外十年不腐蚀。

小蜂充电的直流充电桩产品考虑户外防护要求，桩体材质采用镀锌板，厚度 1.5mm，加工方式采用钣金折弯、焊接成型工艺。桩体表面通过静电粉末喷涂工艺处理，凸显整体外观质感，同时保护钢板不被锈蚀。桩体内部结构布置根据电器功能的要求，采用模块化设计，每一个电气功能单元安装到一个安装板上。同时，根据产品电气原理图的走线要求，实现合理化布置。桩体内主回路走线设计为自下而上、从左到右。因此，内部电器布局从下到上依次为交流进线部分、控制单元、整流模块部分和直流输出部分。同时，在走线中要做到强弱电分离，以减少对信号线的电磁干扰。

在人身安全保护设计上，充电桩体的外壳零件均为碳钢材质，各零件采用螺栓连接方式等搭接方式。桩体前门、侧门与桩体用 6mm² 接地线连接，使桩体具有良好的导电连续性，保证了桩体整体的屏蔽效能。桩体中的非金属零件原材料均为阻燃材质，满足 UL94-V0 级要求。桩体内电器和外部接线端子应设计安装在离地面 600mm 以上的位置，电器件和铜排的间距应该满足安全电气间隙和爬电距离的要求。

此外，充电桩的设计还应该符合人体工程学，符合用户人群的使用习惯，让用户在使用的过程中感到简便、舒适，体现出设计对人的关怀。比如屏幕高度、充电枪插枪座的高度和角度、急停开关的位置、充电桩安装高度，在设计时都要符合人体工程学设计，适应绝大多数人的使用感受。

整体而言，在充电桩设计的过程中，设计师应坚持人性化的设计理念，把自己的创意融入其中，在造型、色彩、材质、结构、人机等多个方面进行设计创新，赋予产品独特的魅力，为用户提供安全可靠、简便舒适的使用体验。

充电桩产品的结构设计，是户外设备结构设计的崭新应用。产品设计既需要满足外观新颖、人机操作便利的要求，又需要满足电气安全要求、充电接口设计标准。因此，在进行充电桩产品的结构设计时，一定要对产品的各类设计需求进行梳理，结合外部应用环境和电气要求系统地进行分析，最终得出合理化的产品设计。

3.2.4　充电桩电气系统

（1）直流电桩电气系统

直流充电电气控制如图 3-54 所示。

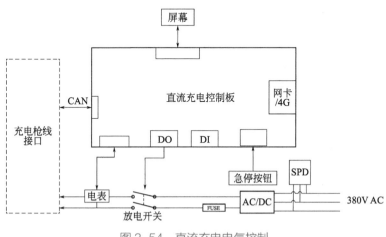

图 3-54　直流充电电气控制

① 交直流转换模块　汽车快充口都是直流模式，电网是交流的，需要 AC/DC 转换模块，输入交流电（220V 或者 380V），输出直流电

（200～1000V），转换效率 94% 左右。

② 放电开关　直流母线的放电开关，要求电流大，电压高。

③ 电桩保护　包括漏电保护器、熔断保护器、防雷保护器、急停按钮等。

④ 充电计量　早期为节约成本使用输入交流电表，通过一定算法计算出用户充电量，缺点是对充电用户来说计量精度差，有可能电桩的电损也算给用户。随着市场监管越来越严，枪线端直流电表逐渐取代电桩入口的交流表进行计量，计量非常精准。

⑤ 充电控制板　作为充电桩的大脑，形式多样，其功能就是控制和检测电桩运行。

⑥ 充电枪线　和车辆连接部分，原理简单，实际要求很高，必须遵守标准，工艺要求也高。

（2）交流电桩电气系统

交流充电电气控制如图 3-55 所示。

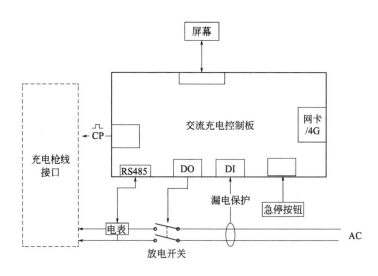

图 3-55　交流充电电气控制

① 放电开关　交流母线的放电开关，电压要求等同电网（220V或者 380V），要求电流大于 32A 或 40A。

② 电桩保护　包括漏电保护器、防雷保护器、急停按钮等。

③ 充电计量　枪线端交流表进行计量。

④ 充电控制板　作为充电桩的大脑，其功能就是控制和检测电桩运行，由于成本原因，一般是单板设计。

⑤ 充电枪线　和车辆连接部分，原理简单，必须遵守标准。与直流充电枪相比电压和电流较低。

3.2.5　交直流充电模块

随着电动汽车的快速发展，充电桩作为电动汽车产业的基础设施建设越来越受到重视，对充电电源模块的要求也越来越高。充电模块属于电源产品中的一大类，属于充电桩的"心脏"，不仅可以提供能源电力，还可以对电源功率进行控制、转换，保证了供电系统的稳定性。模块的性能不仅直接影响充电桩整体性能，同样也关联着充电安全问题。同时，充电模块占整个充电桩整机成本的40%，也是充电桩的关键技术核心之一。因此，作为充电桩的设备生产厂家，面对激烈的市场竞争，为了避免被淘汰，必须掌握并自主研发生产性价比高的电力电子充电电源模块。

1. 充电模块的市场调研

目前市场上主流的充电模块供应商有英可瑞、华为和英飞源，其他还有维谛技术（艾默生）、盛弘、麦格米特、核达中远通、新亚东方、金威源、优优绿源、中兴、凌康技术、健网科技、菊水皇家、泰坦、奥特迅、英耐杰、科士达、飞宏、华盛新能、通合电子、中恒电气、中思新科等。

（1）各主流充电模块的型号、技术方案，技术参数和尺寸等相关参数如表 3-25 所示。

表 3-25　各主流充电模块相关参数

序号	品牌	功率/kW	型号	前级PFC方案	后级DC-DC方案	规格		尺寸/mm			体积/cm³	功率密度/(W/cm³)
						电压(DC)/V	电流/A	宽	深	高		
1	英飞源	15	REG 50040V	VIENNA	三电平移相全桥	150~550	0~35	226	395	84	7498.68	2.000
2		15	REG 75030V	VIENNA	三电平移相全桥	150~750	0~25	215	395	84	7133.7	2.103
3		21	REG 50050V	VIENNA	三电平移相全桥	150~500	0~50	226	395	84	7498.68	2.800
4		20	REG 75030V	VIENNA	三电平移相全桥	150~750	0~33	215	395	84	7133.7	2.804
5	英可瑞	15	EVR400-15000	VIENNA	两组二电平LLC全桥串联	200~450	3.4~37.4	500	410	88	18040	0.831
6		15	EVR500-15000	VIENNA	两组二电平LLC全桥串联	200~500	3~33	500	410	85	17425	0.861
7		15	EVR600-15000	VIENNA	两组二电平LLC全桥串联	100~600	2.5~37.5	500	410	85	17425	0.861
8		15	EVR600-15000B	VIENNA	两组二电平LLC全桥串联	200~750	2.5~37.5	500	410	85	17425	0.861
9		15	EVR700-15000	VIENNA	两组二电平LLC全桥串联	200~750	2~22	500	410	85	17425	0.861
10		15	EVR1000-15000	VIENNA	两组二电平LLC全桥串联	200~1000	1.5~16.5	500	410	85	17425	0.861
11		15	EVR700-15000B	VIENNA	两组二电平LLC全桥串联	200~750	2~22	447	370	42	6946.38	2.159

序号	品牌	功率/kW	型号	前级PFC方案	后级DC-DC方案	规格 电压(DC)/V	规格 电流/A	尺寸/mm 宽	尺寸/mm 深	尺寸/mm 高	体积/cm³	功率密度/(W/cm³)
12	英可瑞	15	EVR600-15000D	VIENNA	两组二电平LLC全桥串联	200～750	2.5～37.5	447	370	42	6946.38	2.159
13		15	EVR500-15000B	VIENNA	两组二电平LLC全桥串联	200～500	3～33	447	370	42	6946.38	2.159
14		15	EVR400-15000B	VIENNA	两组二电平LLC全桥串联	200～450	4～44	447	370	42	6946.38	2.159
15		15	EVR700-15000C	VIENNA	两组二电平LLC全桥串联	200～750	2～22	240	370	85	7548	1.987
16		15	EVR600-15000C	VIENNA	两组二电平LLC全桥串联	200～750	2.5～37.5	240	370	85	7548	1.987
17		15	EVR500-15000C	VIENNA	两组二电平LLC全桥串联	200～500	3～33	240	370	85	7548	1.987
18		15	EVR400-15000C	VIENNA	两组二电平LLC全桥串联	200～450	4～44	240	370	85	7548	1.987
19		20	EVR700-20000C	VIENNA	两组二电平LLC全桥串联	200～750	2.7～30	240	370	85	7548	2.650
20		20	EVR500-20000C	VIENNA	两组二电平LLC全桥串联	200～500	4～44	240	370	85	7548	2.650
21		20	EVR700-20000	VIENNA	两组二电平LLC全桥串联	200～750	4～44	500	410	85	17425	1.148
22		20	EVR500-20000	VIENNA	两组二电平LLC全桥串联	200～500	6～60	240	370	85	7548	2.650

序号	品牌	功率/kW	型号	前级PFC方案	后级DC-DC方案	规格		尺寸/mm			体积/cm³	功率密度/(W/cm³)
						电压(DC)/V	电流/A	宽	深	高		
23	华为	15	R50030G1	交错式PFC	两组二电平三相交错LLC串联	200~500	0~36	206	470	83	8036.06	1.867
24	华为	15	R75020G1	交错式PFC	两组二电平三相交错LLC串联	300~750	0~24	206	470	83	8036.06	1.867
25	艾默生	15	ER75020T	VIENNA	三电平LLC半桥	200~750	0~22	450	460	87	18009	0.833
26	艾默生	15	ER75020T2	VIENNA	三电平移相全桥	50~750	0~25	215	395	84	7133.7	2.103
27	盛弘	15	ser750-20	VIENNA	三电平LLC全桥	200~750	0~20	220	425	132	12342	1.215
28	盛弘	15	SR450-30	VIENNA	三电平LLC全桥	200~500	0~33	220	425	132	12342	1.215
29	麦格米特	15	MR750-20	VIENNA（两管并）	两组二电平LLC全桥串联	250~750	0.5~21	217	436	88	8325.86	1.802
30	通合电子	10	TH700Q15ND-A	VIENNA	两组二电平三相交错LLC串联	300~750	0~15	220	396.5	85	7414.55	1.349
31	通合电子	10	TH500Q20ND-A	VIENNA	两组二电平三相交错LLC串联	200~500	0~20	220	396.5	85	7414.55	1.349
32	通合电子	20	TH500Q40ND-A	VIENNA	两组二电平三相交错LLC串联	200~500	0~40	220	396.5	85	7414.55	2.697

（2）充电模块技术要求及发展现状与方向（表3-26）。

表3-26　充电模块技术要求及发展现状与方向

序号	名称	技术要求	发展现状与方向
1	单模块功率	目前充电桩上使用的主流充电模块功率为单机15kW，少数为单机10kW	① 从2014年的7.5kW，到2015年的恒流20A，15kW模块，到2016年的恒功率25A，15kW模块的发展进程； ② 2022年上半年英飞源、英可瑞、通合电子、中兴等厂家均已开发出20kW充电模块样机，并且尺寸与15kW比较，均为2U，只是部分厂家加长了深度。但很少正式运用到充电桩中长期运行检验； ③ 目前优优绿源、金威源、新亚东方、麦格米特、飞宏均已开发出了30kW充电模块样机，但都处于测试阶段
2	宽输出电压	市场主流模块分为200～500V DC和200～750V DC	① 国网发布的2017版《电动汽车充电设备供应商资质能力核实标准》指出，直流充电机输出电压范围为200～750V，恒功率电压区间至少覆盖400～500V和600～750V。因此，各模块厂家均为模块升级成200～750V DC且满足恒功率的要求； ② 随着电动汽车续航里程的增加以及车主对缩减充电时间的愿望，大功率充电即1000V、350kW将成为必然的发展方向。因此，模块输出电压会增加到1000V； ③ 目前英可瑞已开发出1000V、15kW的模块机样，麦格米特已开发出950V、30kW的模块机样
3	宽输入电压	市场主流模输入电压范围为（380±20%）V（305～456V AC），频率范围为45～65Hz。而英可瑞、英飞源等厂家的输入电压范围标称为260～530V AC	输入电压范围为（380±20%）V（305～456V AC），频率范围为45～65Hz就可以满足充电桩的现场应用，不必扩展更宽的输入电压范围
4	高频化	目前前级PFC的开关频率在40～60kHz之间，后级移相全桥固定频率均在100kHz以下，全桥LLC的主谐振点频率100kHz以下	随着单机模块功率的加大，而体积又不能成比例增大的情况下，不管是前级PFC还是后级的DC-DC，只有进一步增加开关频率才能实现增大功率密度
5	高效率	市场上所有厂家的模块，基本上峰值效率在95%～96%左右	随着98%超高效率技术和宽禁带器件在通信电源市场的成熟，从技术角度考虑，将目前的充电桩模块效率提升到98%是完全可能的。但从投资回报率考虑，效率为98%充电模块毫无市场竞争力，因此，只有等到碳化硅和氮化镓等器件平民化之后，充电桩超高效率的模块才能商业化

序号	名称	技术要求	发展现状与方向
6	散热方式	目前市场上所有厂家的模块的散热方式均为强迫风冷方式，前进风后排风的方式（风机质量和寿命将会制约整机模块的寿命）	基于模块故障率高的问题，一些厂家提出了水冷和封闭冷风道的想法。但就目前国内充电桩行业如此低毛利的现状，水冷充电模块发展前景不乐观
7	功率密度	目前以 15kW 为主流模块的功率密度 2.0W/cm^3	在将来，直流充电桩为了满足不同场景充电的需求，体积是一个比较重要的问题，对于模块来说，尽可能做出超高功率密度的模块，这样可以使体积更紧凑，节省占地面积。预期功率密度为达到 3.0W/cm^3
8	布局方式	① 目前市场上所有厂家的模块的都是后进线后输出方式； ② 尺寸多数为 2U 高度，绝大多数部分上下两块电路板，一块为前级 PFC 板，另外一块为 DC-DC 板。每块电路板的高度为 1U，上下叠加为 2U 的整机高度。但英可瑞，麦格米特是一块 2U 的电路板；（英可瑞以开发出 1U 高度 15kW 样机）； ③ 控制电路板英可瑞以插板方式，其他厂家都是跟主板一体； ④ 均是双控制芯片，多数为双 DSP，麦格米特为 DSP+ARM 方式； ⑤ 辅助电源方式：a. 反激，取母线总电压方式；b. 反激双管，取母线上下两电压交错； ⑥ 显示方式：a. 3 个发光二极管（运行，故障，报警）；b. 3 个发光二极管+3 位数码管； ⑦ 通信地址方式：a. 软件 ID 自动识别；b. 硬件拔码开关；c. 硬件数字编码器

2. 充电模块的主流拓扑技术

（1）前级 PFC 的拓扑方式

① 三相三线制三电平 VIENNA

目前市场上充电模块主流的 PFC 拓扑方式为三相三线制三电平 VIENNA，如图 3-56 所示，英可瑞、英飞源、艾默生、麦格米特、盛弘、通合等均采用此拓扑结构。此拓扑方式每相可以等效为一个 BOOST 电路，如图 3-57 所示。前级系统控制示意图如图 3-58 所示。

由于 VIENNA 整流器具有以下诸多优点，使得其非常适合作为充电机的前级整流电路的拓扑结构。

a. 大规模充电站的建设需要大量的充电桩，成本的控制十分必要，VIENNA 整流器减少了功率开关器件个数，同时其三电平特性降

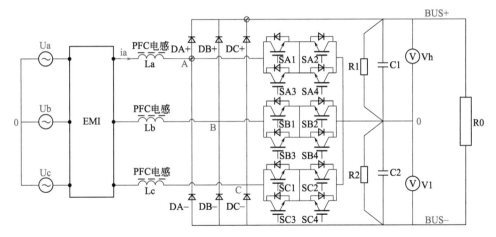

图 3-56 三相三线制三电平 VIENNA 电路

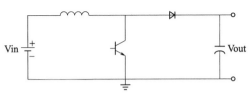

图 3-57 BOOST 电路图

低了功率开关管最大压降，可以选用数量较少且相对廉价的低电压等级的功率器件，大大降低了成本。

b. 功率密度，即单位体积的功率大小，也是充电模块的重要指标，VIENNA 整流器控制频率高的特点使电感和变压器的体积减小，很大程度上缩小了充电桩的体积，提高功率密度。

c. VIENNA 整流器的高功率因数和低谐波电流，使充电模块不会给电网带来大量的谐波污染，有利于充电站的大规模建设。因此，主流的充电模块厂家均以 VIENNA 整流器作为充电机的整流装置拓扑。

d. 每相两个 MOS 管是反串联，不会像 PWM 整流器那样存在上下管直通的现象，不需要考虑死区，驱动电路也相对容易实现。

缺点：

a. 输出中性点平衡问题：中性点电压的波动会增加注入电网电流的谐波分量，中性点电压严重偏离时会导致开关器件以及直流侧电流承受过高电压而损坏。因此必须考虑直流侧中性点电位的平衡问题。

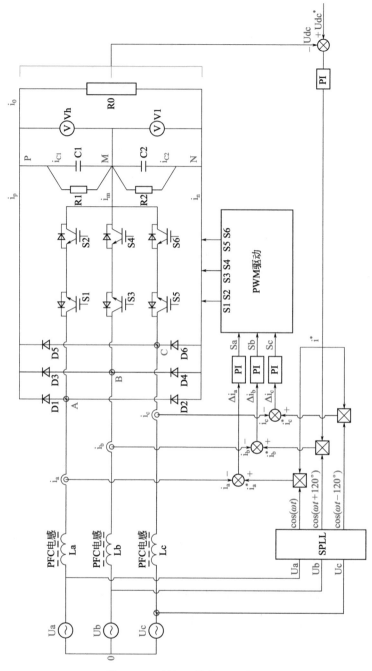

图 3-58　前级系统控制示意图

b. 能量只能单向传递。

② 两路交错并联三相三线制三电平 VIENNA

杭州某电气公司自主研发使用的充电模块采用的是两路交错并联三

相三线制三电平 VIENNA 的 PFC 拓扑方式，如图 3-59 所示。控制方式：第一 VIENNA 变换器的 A、B、C 相驱动信号与第二 VIENNA 变换器的 A、B、C 相驱动信号同频率、同幅值，占空比各自独立，相位错开

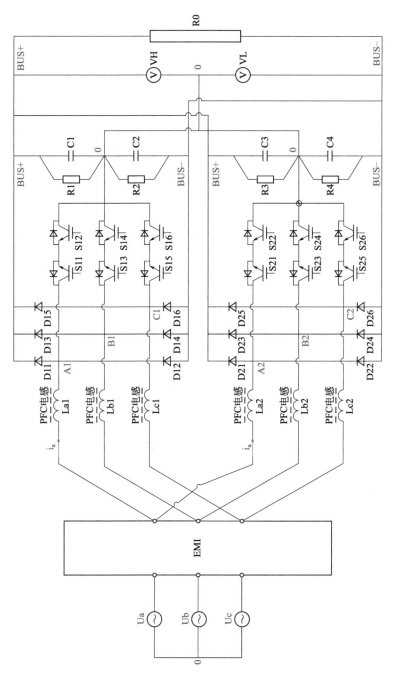

图 3-59　两路交错并联三相三线制三电平 VIENNA 电路

180°。通过两个变换器的并联，使得开关管和二极管电流应力降低一半，可使用传统半导体器件；通过交错并联技术，总输入电流波动减小，从而减少电磁干扰，减小滤波器体积；用两个分散的发热器件代替一个集中的发热器件，在总热量没增加的基础上可方便PCB布局和热设计。另外此拓扑在轻载时，仍然可以实现输入电流连续，减少干扰。

③ 单相交错式三相三线制三电平VIENNA

华为使用的充电模块采用的是单相交错式三相三线制三电平VIENNA的PFC拓扑方式，如图3-60所示。此拓扑方式将三相输入分解为三个单相的交错式的PFC电路，每个之间相互交差120°，而每一路的驱动MOS管相互交差180°。这样可以降低输入纹波电流和输出电压纹波，从而减小BOOST升压电感的尺寸，减小输出滤波电容的容量，同时降低EMI，缩减EMI磁性元器件大小，减小线路的均方根电流等，提高整机效率。

（2）后级DC-DC的拓扑

① 两组交错式串联二电平全桥LLC

两组交错式串联二电平全桥LLC如图3-61所示。

② 两组交错式并联二电平全桥LLC

两组交错式并联二电平全桥LLC如图3-62所示。

目前英可瑞、麦格米特的750V的充电模块均采用的是两组交错式串联二电平全桥LLC，500V的充电模块采用的是两组交错式并联二电平全桥LLC。

优点：

a. 根据母线电压分成上下两个全桥的LLC控制，可以在不增加开关管应力的情况下，使用成熟的二电平全桥LLC控制电路。

b. 采用全桥LLC算法，可以实现整流二极管的零电流关断，提高效率，减小EMI。

c. 轻载特性比较好。

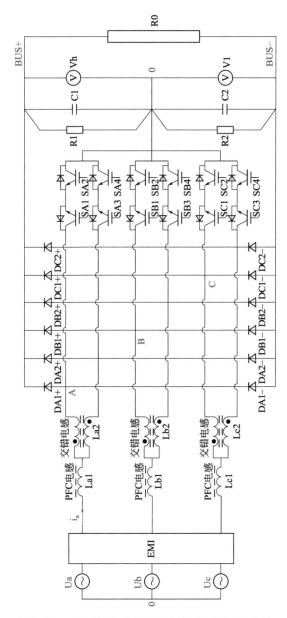

图 3-60　单相交错式三相三线制三电平 VIENNA

缺点：

通过调节频率实现输出电压的调节，难以实现输出电压的宽范围调节，谐振电感和变压器设计困难，开关频率不固定，难以实现更大容量。

③ 三电平全桥移相 ZVS

英飞源、维谛技术（原艾默生）采用三电平全桥移相 ZVS，如

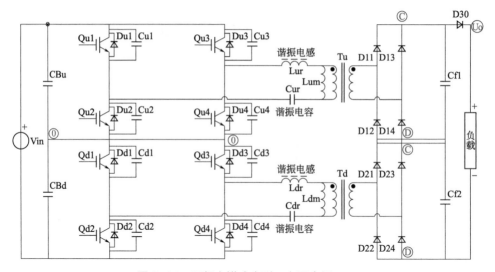

图 3-61　两组交错式串联二电平全桥 LLC

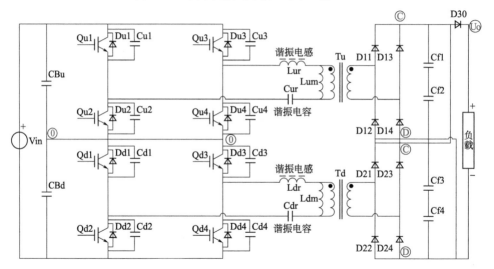

图 3-62　两组交错式并联二电平全桥 LLC

图 3-63 所示。

优点：

a. 采用三电平技术，可以减小开关管的电压应力，从而使用650V 的 MOS 管提高整机开关频率，减小输出滤波电感的尺寸。

b. 移相全桥技术可以实现输出电压的宽范围调节，同时输出电压纹波小。

c. 变压器不需要开气隙，有利于磁性元器件功率密度的提升。

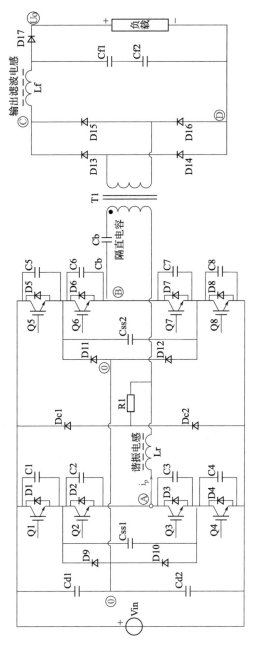

图 3-63 三电平全桥移相 ZVS

d. 容易做到大功率，大容量。

缺点：

a. 轻载时，滞后臂不容易实现软开关。

b. 整流二极管为硬开关，反向恢复电压尖峰高，EMI 大。

c. 占空比丢失。

④ 三相交错式 LLC

华为、通合电子采用三相交错式 LLC，如图 3-64 所示。该电路包含 3 个普通 LLC 谐振 DC-DC 转换器，每个转换器分别以 120°相位差运行。输出电容的波纹电流显著减小，提高功率密度。变压器可以由 3 个小尺寸的磁性组合，减小整机的高度。但是其控制系统

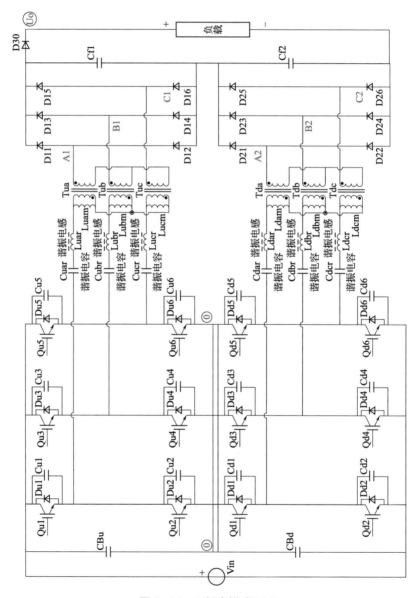

图 3-64　三相交错式 LLC

较为复杂。

⑤ 三电平全桥 LLC

盛弘电气、茂硕电源采用三电平全桥 LLC，如图 3-65 所示。

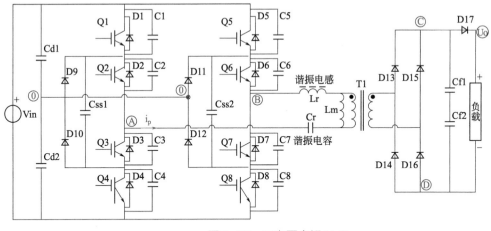

图 3-65　三电平全桥 LLC

⑥ 两组交错式串联二电平全桥移相 ZVZCS

两组交错式串联二电平全桥移相 ZVZCS 如图 3-66 所示。

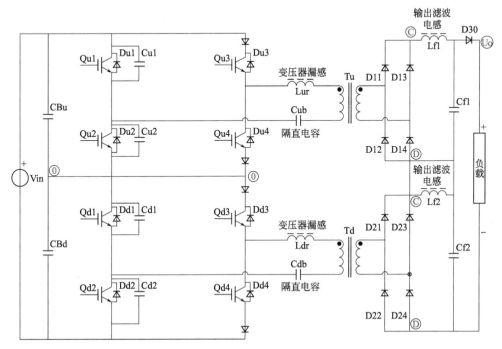

图 3-66　两组交错式串联二电平全桥移相 ZVZCS

⑦ 两组交错式并联二电平全桥移相 ZVZCS

两组交错式并联二电平全桥移相 ZVZCS 如图 3-67 所示。

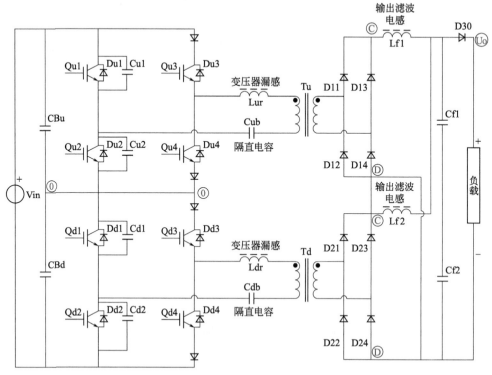

图 3-67　两组交错式并联二电平全桥移相 ZVZCS

两组交错式串联二电平全桥移相 ZVZCS 和两组交错式并联二电平全桥移相 ZVZCS 两种方案跟上述的结构方式类似，只是采用了不同的控制算法，一种为全桥 LLC，一种为全桥移相，两种算法的优缺点见表 3-27。

表 3-27　全桥 LLC 和全桥移相拓扑结构优缺点对比

优缺点	LLC 拓扑	移相拓扑
优点	效率高	宽输入、宽输出调节范围
	全负载范围内实现 ZVS 软开关	低输出纹波
	低的 EMI 电磁干扰	易于实现次级侧同步整流
	易于高压电压输出	易于大功率扩展
缺点	输出纹波大	滞后臂难实现 ZVS，开关损耗大（但 ZCS 容易实现）

优缺点	LLC 拓扑	移相拓扑
缺点	谐振电感，变压器设计困难	整流二极管工作在硬开关，损耗大，反射尖峰电压大
	难实现宽输入和宽输出调节	副边占空比丢失（ZCS 漏感小）

3. 充电电源模块的发展方向

充电电源模块的发展方向见表 3-28。

表 3-28　充电电源模块的发展方向

序号	模块	发展方向	说明
1	当前充电模块	优化	从如下方面优化充电模块，解决当前充电模块存在的非关键而又难以调整的问题： ① 优化设计，提高整机效率； ② 优化热设计和热管理，优化散热风道； ③ 优化设计，缩减模块尺寸，提高整机功率密度； ④ 元器件优化，降低整机成本
2	高压高功率充电模块	产品	① 根据市场的需要，进行单机功率 30 ～ 40kW 充电模块的研发； ② 根据市场的需要，进行输出电压高达 1000V 充电模块的研发； ③ 根据市场需求，进行液冷充电模块的研发
3	特种电源	产品	充电模块为上下两个 DC-DC 串联方式，提高输出电压，而在电渗析电源主要是低压大电流，因此，对后级进行并联设计和调试
4	AC-DC	技术升级	VIENNA 技术方向： ① 优化软件控制算法：掌握单周期控制算法或 SVPWM 控制算法，优化平均电流 SPWM 控制算法的不足之处； ② 两路交错式 VIENNA 的控制方式，便于充电模块的扩容
5	DC-DC	技术升级	后级 DC-DC 技术方向： ① 完善和优化二电平移相全桥 ZVZCS 技术，特别是二极管反向尖峰的抑制； ② 进行二电平 LLC 技术的储备，主流的电源控制方式，具备很多优点，从公司电源产品线的发展，此技术必须掌握运用； ③ 进行三电平移相全桥 ZVS 或三电平 LLC 技术的储备，便于特高压输入的产品设计

3.2.6 主控板及嵌入式软件架构

充电桩系统是电气与物联网结合的跨界产品，电桩内部的控制板作为充电桩的大脑，使电桩更加智能。

充电桩控制板的主要作用有与车辆交互信息、控制放电开关、监控电桩运行状态、人机交互（非必需），如果在运营场景下还要计量和联网服务器。

根据充电类型，充电桩控制板分为交流充电控制板和直流充电控制板。

直流充电控制系统和交流充电控制系统如图 3-68 和图 3-69 所示。

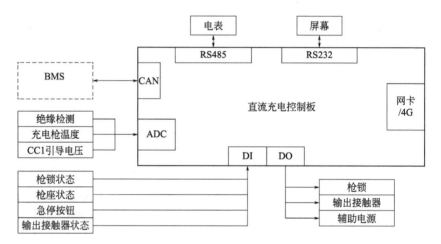

图 3-68 直流充电控制系统

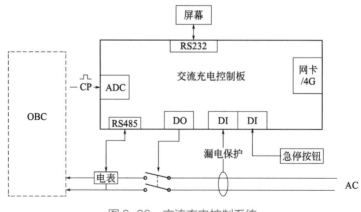

图 3-69 交流充电控制系统

充电桩控制软件根据控制板不同也分为交流充电控制软件和直流充电控制软件，其架构基本相同，直流充电桩嵌入式软件架构如图 3-70 所示。

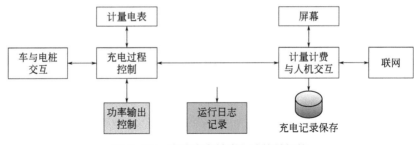

图 3-70　直流充电桩嵌入式软件架构

车与电桩交互：直流电桩用 CAN 通信方式，国标协议为 GB/T 27930；交流电桩用 CP 信号和 PWM 波。

功率输出控制：直流电桩控制直流母线上的输出接触器，根据充电 BMS 要求需要调节 ACDC 模块的输出功率（电流和电压）。

人机交互：充电用户可以通过屏幕启动停止充电；运维人员可以通过屏幕查看电桩状态和设置电桩参数。联网状态下此项功能不是必需的。

计量计费：充电过程读取（交流或直流）电表数据进行充电电量计量，并根据电量单价（包含电费和服务费）计算单次充电花费。

联网服务器：一般对公服务的充电桩需要服务器平台辅助完成充电过程和收费；服务平台也可以监控电桩的运行状态，进行远程运维。

其他一些辅助功能有充电记录电桩本地保存和电桩运行日志收集保存，甚至有电桩问题记录收集保存。

3.2.7　HMI 交互系统

HMI（Human Machine Interface），即人机界面，人机界面（又称用户界面或使用者界面）是系统和用户之间进行交互和信息交换的媒介，它实现信息的内部形式与人类可以接受形式之间的转换。

在充电桩系统上用到 HMI 的有两类人员：

① 充电用户或执行汽车充电过程的人员　一般指车辆驾驶人员，在公交等场景下可能有专门的充电工；

② 运维人员　包括日常充电场站运维人员和电桩设备生产厂商的技术支持人员。

一些场景需要充电用户通过操作电桩屏幕完成充电过程。电桩屏幕引导充电用户通过刷卡或 APP 扫码启动充电，充电过程显示信息：当前充电电量、充电进程（SOC）、当前电流和电压等。充电用户可以在屏幕上停止充电，然后查看充电账单信息。另外一种充电方式下，充电用户用移动终端 APP 扫码电桩充电的二维码后，在 APP 上完成启动充电、停止充电、充电付费。在这种方式下电桩可以没有屏幕。

运维人员可以通过屏幕设置电桩运行参数，查看电桩运行状态；技术支持人员可以通过充电控制板的调试口对电桩进行问题追踪和功能调试。

3.2.8　散热系统

随着电子设备向着小型化、轻量化、多功能化、高功率密度以及高可靠性方向的发展，许多情况下不仅要考虑解决设备的散热问题，还要尽量提高散热的效率、降低成本和提高可靠性。据统计数据显示，正常温升条件下，电子元器件失效率随元器件温度的升高呈指数增加。据估计，元器件环境温度每升高 $10{}^\circ\mathrm{C}$，其可靠性会减半，元器件的失效进而影响整个充电桩的可靠充电。故高效的散热设计是充电桩设备结构设计的重要内容，也是确保设备稳定运行的重要因素之一，因此散热设计中的优化问题也越来越受到重视。

1. 充电桩散热设计

（1）交流充电桩散热方案

交流充电桩是固定安装在电动汽车外，与交流电网连接，为电动汽车车载充电机（即固定安装在电动汽车上的充电机）提供交流电源的供电装置。交流充电桩只提供电力输出，没有充电功能，需连接车载充电机为电动汽车充电。交流桩没有能量转换的过程，只是起了一个控制电源的作用，因此交流桩基本上没有散热需求，主要热量来自主板动力线连接处和继电器吸合时过电流产生的热量。想解决交流桩散热问题，一方面是注重交流桩壳体颜色、材质的选择，另一方面是解决主板连接处和继电器吸合产生的热量。

小蜂充电的交流桩（如图3-71所示）产品外壳选用3mm厚的PC/ABS材质，能阻挡大部分外来辐射热量；表面喷涂平光闪灰银金属漆，能反射一部分太阳光直射，减少桩体吸收的热量；在主板连接处背面附锡，扩大散热面积；继电器选用磁保持继电器，减少继电器带电吸合产生的热量。

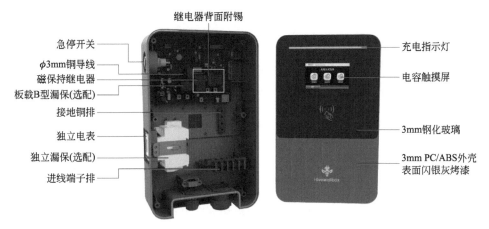

图3-71 小蜂充电交流桩

（2）直流充电桩散热方案

直流充电桩特点是功率足够大、输出电压电流范围广及短时间快充。由于当前对快速充电的需求，直流充电桩在实际运行时，功率模块中整流模块内部产生大量热损耗，使整个桩体热量越聚越多，加上桩体空间有限，对充电桩的散热有更大难度。

直流充电桩散热设计有以下几个标准：

① 充电桩为柜式结构，设计过程需考量将各个模组安装到合适的位置，需要考虑功能、性能、美观、可靠性和用户体验，在实现功能的基础上需按照散热最优来布局；

② 满足整机防护等级要求，故进风口需要安装过滤棉，门的四周必须使用密封胶；

③ 风道设计的目标与原则：降低系统的压力损失，保证有足够的空气流量通过发热源（充电模块），并保证流过关键热源的风速，防止风道中产生空气回流，防止空气短路，防止系统中发热部件（插箱）的相互影响；

④ 风扇选型：根据发热量和内部空气温升计算所需风量，并合理进行风扇的串并联设计，在此基础上充分考虑过滤棉的终阻力，保证散热系统的可靠性。户外设备，需同步考虑风扇的寿命和噪声问题。

基于上述的设计标准，畅通的热传递通道和可靠的环境密封设计，是保证系统可靠运行的核心要素。在高电压、大电流下，桩体内部功率器件会产生大量热量，引起充电桩内部温度急剧升高。局部温度过高会导致器件功能降低甚至失效，同时可能引起易燃物着火。另外，如果污染物入内，会导致电气间隙降低，引起电气击穿、拉弧打火等风险。

为了保障直流充电桩充电可靠和设备的长期正常使用，直流充电桩的散热风道设计、热仿真分析和充电桩运行后的维护工作尤为重要。

目前，市面上的充电桩内部结构多以模块上下居中或中下布置为主，散热风道往往呈现出三种设计理念，第一种是采用轴流风机，其与充电模块处于前后位置的设计，即前进风，后出风，称之为直进直出式散热，如图 3-72 所示。

第二种是采用离心风机，其与充电模块处于上下位置的设计，也就是下侧进风，上侧用离心风机将热风抽出桩外，称之为下进上出式，如图 3-73 所示。

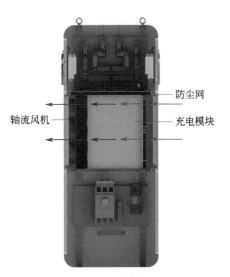

图 3-72　直进直出式

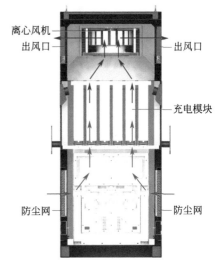

图 3-73　下进上出式

最后一种是采用隔离风道式，由内外两路循环风道组成，利用超薄的金属薄片，将内风道的热量通过热辐射被外风道带走。其造价成本高，桩内设计空间大，运用的厂家较少。

不管是哪一种设计理念，都存在不足之处。直接直出式的进风口与充电模块在同一水平高度，风道距离短，防尘全靠进风侧防尘棉，防尘棉长时间不清理会依附在防尘网上，影响进风量，导致模块达不到散热需求。下进上出式的散热风道因体积原因无法做到全封闭，长时间进风侧的灰尘会影响桩内其他关键器件。隔离风道式的造价成本太高，不适合大规模的生产。

小蜂充电的小直流桩采用模块倒立，下进上出式，进出风侧全部做成独立风道，不与安装器件的空间交互，如图 3-74 所示。下进风可以让灰尘因重力原因被阻挡一部分在桩外，剩余一部分也可被防尘棉吸附，可大大延长防尘棉清理时间。上侧采用 2 个高风压带 PWM

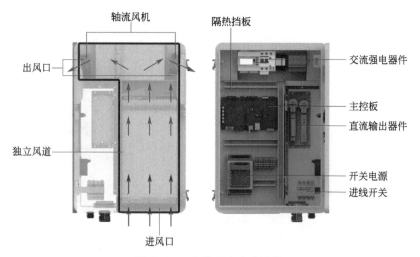

图 3-74　小蜂充电小直流桩

控制轴流风机，将模块的热风吹出桩外，风扇可通过桩内温度自动调节风扇转速，达到智能降噪的目的。主控板、开关电源等对温度较敏感器件安装在桩体中下方位置，并通过钣金和隔热棉来阻挡模块辐射出来的热量。

2. 充电桩热仿真分析

当前计算流体动力学（CFD）已经成为热仿真分析问题的重要手段，进行 CFD 仿真数值分析可以提前对仿真模型中任意位置的速度分布、温度分布和压力分布有直观认识。所以在产品的前期设计构思阶段，通过 CFD 仿真分析能够对其进行准确快速的多方案对比，节约产品研发时间和样机试验成本。根据充电桩散热、工作特性要求，针对实际直流充电桩产品，对其进行结构和参数设计，建立仿真模型，对直流充电桩在强迫空气对流冷却下的流场和温度场进行数值仿真，分析桩体风扇风量和输出功率对充电桩散热效果的影响。

对充电桩进行热仿真设计时，首先要对充电桩通风系统进行分析，其次是对充电桩散热量和通风量的计算。依据直流充电桩的工作环境温度条件和功率模块本身的工作特性，对充电桩工作温度范围规定如下：功率模块工作温度范围 $-25 \sim 75℃$；桩体稳定工作温度范

围 −25 ～ 60℃。充电桩工作时，需要桩体风扇提供充足的抽风风量，将流过功率模块内散热片排出的热量得到有效排出，确保元器件温升在有效范围内，功率模块中吸收电容、变压器和支撑电容等安装在模块内，只要空间距离足够，并确保充分空气对流，即可满足散热要求。以 20kW 模块为例，每个功率模块实际满载工作输出电流 50A，其工作效率为 95%，损耗的发热量为 1kW。强迫空气对流冷却散热时，设备的大部分热量通过对流换热由空气带出充电桩，设备计算时忽略辐射换热散发的热量。风量、总耗散热量及空气温升之间的关系为：

$$q_\mathrm{m} = \frac{Q}{\Delta t C_\mathrm{p}} \qquad (3\text{-}1)$$

式中，q_m 为空气的质量流量，kg/s；Q 为总发热量，W；C_p 为空气的定压比热容，J/(kg·K)，常温下取 C_p=1005J/(kg·K)；Δt 为风扇出、进风口的空气温差，℃。

另外，空气的体积流量与其质量、流量的关系为：

$$q_\mathrm{v} = 60 q_\mathrm{m} \gamma^{-1} \qquad (3\text{-}2)$$

式中，q_v 为空气的体积流量，m³/min；γ 为空气密度，kg/m³，常温常压下取 γ=1.23kg/m³。

设定进风口空气的环境温度为 40℃，出风口空气温度低于元器件最高工作温度，设为 60℃左右，则 Δt=20℃。通过式（3-1）和式（3-2）计算出散热所需要的风量。由于系统中存在风阻，风扇的最大风量一般为所需风量的 2 ～ 4 倍，计算出风扇所需的总风量，根据整体结构布局风扇数量计算出单个风扇的最大风扇。

CFD 仿真模型简化：功率模块由前后进出风口、上下镀铝锌板和内部散热器等组成，可以根据其他影响气流走向的桩内器件布局有效简化三维模型，将换热和气流化不大的部件省略。充电桩实际通风采用侧边风扇抽风，外界空气由桩体底部进风孔进入模块再经过模块内风道由后侧出口排出热量的通风路径。模型的计算域限定在充电桩内，充电桩的柜面和功率模块外壳热导率为 15W/(m·K)，功率模块的热损耗设定在功率模块中是均匀布局的，空气入口的环境温度为 40℃，通风风扇给系统强迫对流散热的风量，风扇最高转速下的风扇特性曲线设置为桩体风扇的边界条件系统风扇特性曲线如图 3-75 所示。由计算通风风量和系统的压力损失确定桩体风扇的最大静压为 240Pa，采用柜后 8 个风扇并联抽风。

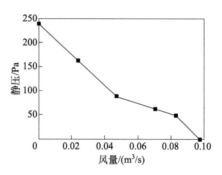

图 3-75　充电桩风扇特性曲线

充电桩系统模型采用六面体非结构化网格进行剖分，在局部风扇、进风口和散热片处分别进行建立 Assembly 剖分较细网格。

仿真模拟结果分析：充电桩的温度场和流场分布如图 3-76 所示，因为每个功率模块在前后通风路径上的进风口和出风口基本对称，进风口提供了足够的冷空气通风量，使热源得到更多的散热，模块热源的最高温度为 71.4℃，极大降低了系统温度，流场和温度场分布也更加一致，每个功率模块最大温度差得到降低，功率模块内部热源的温度场分布有

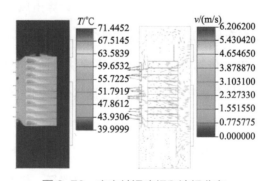

图 3-76　充电桩温度场和流场分布

很好的一致性。从流场分布图看出，整个系统气流更加通畅，气流出风口速度远高于实际通风系统。

充电桩最高温度点在100%、75%和50%输出功率时充电桩的温度场仿真计算结果见表3-29。环境温度为40℃时，在50%输出功率时充电桩具有更好的散热效果，功率模块的最高温度高出环境温度的温升低于22℃，更加利于元器件长期工作。而在较高输出功率时因为充电桩输出电流和输出电压较大，导致整个充电桩热损耗迅速增加，在100%输出功率工况时，充电桩的最高温度达到71.4℃，在长时间的高输出功率时模块的散热效果相对较差。

表3-29 不同输出功率下充电桩内温度场仿真计算结果

输出功率	100%	75%	50%
最高温度 /℃	71.4	66.1	61.5

借助绘图软件建立充电桩的三维物理模型，采用有限体积软件对其进行分析。随着电子设备向着小型化、轻量化、多功能化、高功率密度以及高可靠性方向的发展，许多情况下不仅要考虑解决设备的散热问题，还要尽量提高散热的效率、降低成本和提高可靠性。

3. 充电桩日常维护

除了充电桩在设计时要考虑散热需求，定期检验与维修也至关重要。在长时间的运作过程中，充电桩内部的电子元器件表面会存有一些灰尘，降低其内部散热的效率，若没有及时清理，便会降低充电桩的寿命。与此同时，电气线路中存在灰尘，经过长期的侵蚀，可能会引起电气线路的裸露而出现漏电的现象，进而出现电路短路的问题。除此之外，春季有大量的柳絮，具有一定的吸附性和燃烧性，若其流进充电桩内部则会被电子元器件吸附，在温度的持续升高的情况下引起火灾。

因此在充电桩散热设计的过程中要制定充电桩维护与保养的方

案，减小危险隐患的出现概率。

结合不同季节以及不同环境下的灰尘量，还要思考用户对充电桩的使用需求，对充电桩散热系统的稳定运行进行安全性处理。强化充电散热系统使用者自身的思想观念，给使用者普及充电桩散热的原理以及案例实践流程，涉及特殊环境下的安全应对方案，促使使用者具备良好的使用充电桩散热技术的心态。确保充电桩散热系统在使用期间具备的清洁程度，定期清理充电桩中风道以及模块风扇和滤网等部位。

除此之外，全方位检验充电桩内部的线路连接情况以及开关处理效果，在出现异常情况时，要进行针对性的优化与处理，提高充电桩散热系统中每一个电子元器件的运行实效性。

3.2.9 线束系统

充电桩线束系统是整桩电路集成的总称，根据系统的功能可划分为交流电源系统、直流系统、交流控制系统、直流控制系统、弱电通信系统、信号检测系统，本节主要介绍这些系统及组成，并着重介绍线束电源系统电路的设计及验证。

电动汽车充电桩线束系统分析与设计，需依据产品前期设计要求、企业标准、配置表、对标产品分析、整桩电气系统的功能、电气负荷、器件的状态、安装位置、电线束与器件对接的形式等要求，根据整桩的器件功率确定器件的功能，计算和选择导线的线径；根据单元电路表绘制充电桩电气原理图及线路图，电气原理图表示每个电气子系统及回路的连接。根据电气负载功能和所处的工作环境来布置电线束走向；利用 Solidworks 软件和 CAD 软件绘制二维线束图纸；在二维图纸中确定扎带、卡扣等固定件。线束生产过程依据二维线束图纸，在线束制作组装过程中输出相关的工艺文件。综合考虑充电桩的设计要求和线束生产过程中可能出现的问题，经工艺团队严格评审，编制线束的生产工艺，制定工艺卡片，用于指导操作工的生产，并经过多次试制验证，以确认过程设计参数和工艺方法是符合要求的。依据该充电桩线束的设计及制造工艺设计理念生产出来的线束在20kW直流充电桩上已得到了较好的应用，产品已获得客户认可。

汽车充电桩线束是充电桩电路的网络主体，不管是合资品牌充电桩还是国内自主品牌充电桩，线束组成都大同小异，都是由线束用原材料（护套、端子、电线、扎带、卡扣、胶带等）包扎组合而成。线束有充电桩神经之称，遍布整桩。在充电桩生命周期内，线束要保证充电桩在各种工况环境下安全可靠的使用，因此充电桩线路的重要性不言而喻，这就为充电桩线束的技术发展提出了更高的要求。充电桩线束在传递电信号的同时还要确保电路的可靠连接。它主要有两大功能：

① 信息、信号值的输入、传导、输出，如高低电平及波形的输入与输出（模拟电路）、元器件通断的输入与输出以及数字信息的输入和输出（数字电路）等。

② 能源、能量传导和输送，如电源系统回路、高压继电器回路、交流系统、直流系统等电源系统主回路等。

充电桩线束系统组成及作用控制充电桩系统，主要由电源系统、控制系统及回路电线构成。电源系通是充电桩系统的电源，充电桩所需的电能均由电源系统提供。控制系统是充电桩的主要控制者，控制系统带动控制电源，将电能能通过控制器（电源模块）转化为汽车供电设备，并通过整流系统，输出标准电压和直流电流。直流系统是充电桩电源系统的重要组成部分，线束电源电路的设计及验证线束电源电路的设计是充电桩电路设计的基础和前提，所有的电路电源及控制逻辑均取决于控制系统的设计。控制系统设计的重点和核心是功能分配设计。由此，功能分配设计是整个电路设计的重中之重。控制电路设计完毕后，还要经过大量的模拟分析、实车验证及过程实验，确保汽车电路的安全可靠。电源分配是根据客户电器属性表、功能配置表及单元电路的要求进行分析设计，体现充电桩的分配、逻辑控制关系及电路保护方案。导线使用导线（BVR-0.5mm²、BVR-1.5mm²、BVR-2.5mm²、BV-2.5mm²、BV-4.0mm²、BV-6.0mm²、屏蔽线等）、波纹管、符号牌、塑料绝缘绑扎带、异形管（标号头）、橡皮圈、绝缘冷压端头、管形预绝缘端头、线夹、缠绕管等。导线使用条件：柜内电压回路用 0.5mm² 黑色 BVR 多股软线，电流回路用 2.5mm² 黑色 BVR 多股软线，接地线用 2.5mm² 黄绿双色 BVR 多股软线，交流计量回路用 2.5mm² 和 6mm² 黄绿红蓝四色 BV 单芯线。直流计量回路用 2.5mm² 黑色 BVR 多股软线。具体使用场合见表 3-30。

表 3-30　导线使用场合

导线型号	标称截面	颜色	使用场合
BVR-16/0.2	0.5mm²	黑色	电压回路
BVR-7/0.52	1.5mm²	黄绿双色	仪器、仪表接地
BVR-19/0.41	2.5mm²	黄绿双色	接地线
BVR-19/0.41	2.5mm²	黑色	直流计量回路
BV	2.5mm²	黄绿红蓝四色	交流计量电压回路
BV	6.0mm²	黄绿红蓝四色	交流计量电压回路

（1）使用工具

工具包括剥线钳、尖嘴钳、压线钳、斜口钳、螺丝刀、套筒、电烙铁等。

（2）工艺要求

① 控制回路的导线线束应扎紧，螺栓连接、插接、焊接应牢固可靠。线束应做到横平竖直、层次分明、整齐美观，除必要的弯曲（如转换方向）外，不准歪斜、扭曲。

② 所有控制回路的仪表、继电器、电路的接线端子、端子排、小母线及连接导线均应标号，标号应完整、牢固、不褪色。

③ 控制回路的导线线束，不准在导电部件上敷设，也不准直接敷

设在金属铁板上，必须腾空 3 ~ 5mm，或包扎缠绕管。采用样板铁敷设线束时，样板铁必须包扎塑料绝缘带。装有引线槽的开关柜，要求引线槽牢固，不扭曲。

④ 控制回路的导线线束或单线，在穿越金属板时，必须在板孔上套上橡皮圈。

⑤ 门上电器与桩体之间的连接线束称为过门线。过门线要留有足够长度，一般能使门顺利打开并不小于 120°，过门线在开门过程中不擦门框。当门关闭时，线束不得叠死。过门线必须套以波纹管，以防线束松散，波纹管两侧应与柜体和门板固定。

⑥ 控制回路的导线线端裸露部分之间，导线线端裸露部分与金属骨架的电气间隙不应小于 4mm，爬电距离不小于 6mm。

⑦ 线束与带电裸露导体之间的距离不得小于表 3-31 中的数值。

表 3-31　线束与带电裸露导体之间的距离

电压 /kV	安全距离 /mm
0.4，0.66	≥ 15
3.6	≥ 75
7.2，12	≥ 125
35，40.5	≥ 300

⑧ 凡是有通信功能要求的元器件应连接屏蔽线，以防相互发生干扰。

⑨ 常规屏蔽线一般选用 RVVP-2×0.5mm^2 或 RVVP-2×0.75mm^2。用户有特殊要求也可选用 RVVP-2×1.5mm^2 等。

⑩ 所用屏蔽线的屏蔽层一头接地，并用透明的塑料绝缘护套保护。

工艺过程：

① 下线。

② 看清图纸，考虑好配线途径。

③ 电器元件符号牌贴在清晰可见部位。符号牌应端正、牢固。

④ 端子排列应整齐划一，每一安装单位端子排逢五遇十写上标号，字迹端正清楚。

⑤ 准备好标号头。

⑥ 按导线行走途径确定出导线长度，其长度余量应控制在100～200mm，导线两端套上标号头，并用尖嘴钳弯折，以防标号头脱落。

⑦ 标号应正确，长短相同，从左到右，从下到上，朝向一致，不得反套。

⑧ 所有接入电气元件的导线端头，应套入塑料标号头（除电气元件本身连接外），标号头上标号的方向一律按图3-77所示要求套入。

⑨ 如有特殊情况无法满足以上要求时，允许按图3-78所示方法套入。

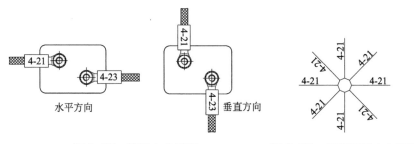

图3-77　常见方向示意　　　　图3-78　任意标号方向示意

⑩ 与电器元件连接的单股导线两端利用线芯自身弯成羊眼圈。羊眼圈以全圆为原则，其内径应比电器接点螺栓直径大0.5～1.0mm，羊眼圈末端距导线绝缘应有2～4mm距离，保证接入接点时垫圈不压着导线绝缘层，如图3-79所示。

图3-79　羊眼圈

⑪ 多股导线两端采用绝缘冷压端子，当接点两边没有挡板时，必须用OT型端子，当接点两边有挡板或其他OT型无法连接时，采

用 UT 型端子。

⑫ 导线两端采用冷压 UT 型端头时，应按导线的截面积及电气元件接点螺钉的直径选取，见表 3-32。

表 3-32　导线的截面积及电器元件接点螺钉的直径（UT 型端头）

单位：mm

型号	插入导线截面积 /mm²	紧固螺钉	插片			插套			间距 s	总长	料厚 δ
			宽度 B	内圆直径 φ	外圆直径 φ	长度 L	外径 D	内径 d			
UT15-2.5		M2.5	$6_{-0.3}$	$2.8^{+0.3}$	3.0				6±0.5	13.65	
UT15-3.0		M3.0	$8_{-0.3}$	$3.3^{+0.3}$	4.0				7±0.5	15.65	
UT15-4.0	1.2～2.5	M4.0	$8_{-0.3}$	$4.3^{+0.3}$	4.0	$5.0^{\pm0.5}$	3.5	$1.9^{\pm0.2}$	8±0.5	16.65	0.8
UT15-5.0		M5.0	$10_{-0.4}$	$5.5^{+0.3}$	5.0				9±0.5	18.15	
UT15-6.0		M6.0	$12_{-0.4}$	$6.5^{+0.3}$	6.0				11±0.5	21.05	
UT15-8.0		M8.0	$15_{-0.4}$	$8.5^{+0.3}$	7.5				13±0.5	24.10	

⑬ 所有电流回路、中间继电器、时间继电器（非焊接型）、电压继电器、电流继电器等接线头，应该使用 OT 型端头，具体参数见表 3-33。

表 3-33　导线的截面积及电器元件接点螺钉的直径（OT 型端头）

单位：mm

型号	插入导线截面积 / mm²	紧固螺钉	插片			插套			间距 s	总长	料厚 δ
			宽度 B	内圆直径 φ	外圆直径 φ	长度 L	外径 D	内径 d			
UT15-2.5		M2.5	$6_{-0.3}$	$2.8^{+0.3}$	3.0				6±0.5	13.65	
UT15-3.0		M3.0	$8_{-0.3}$	$3.3^{+0.3}$	4.0				7±0.5	15.65	
UT15-4.0	1.2～2.5	M4.0	$8_{-0.3}$	$4.3^{+0.3}$	4.0	$5.0^{\pm0.5}$	3.5	$1.9^{\pm0.2}$	8±0.5	16.65	0.8
UT15-5.0		M5.0	$10_{-0.4}$	$5.5^{+0.3}$	5.0				9±0.5	18.15	
UT15-6.0		M6.0	$12_{-0.4}$	$6.5^{+0.3}$	6.0				11±0.5	21.05	
UT15-8.0		M8.0	$15_{-0.4}$	$8.5^{+0.3}$	7.5				13±0.5	24.10	

⑭ 控制导线接入功率表（俗称电度表）时，应将导线绝缘层剥去。若导线为 BVR 软线，则应剥去绝缘层，导线套入专用套管内压紧后再

插入电表或接线盒内，接头必须用两个螺钉全部拧紧（若表内只有一只螺钉则除外）。

（3）压接要求

① 用剥线钳剥去导线头部 5～7mm 的绝缘层，并将标号头套上，打开冷压钳，将冷压端子标记向上，放入冷压钳相应的钳口处，把导线插入冷压端子内，然后进行压接，必须加压至钳口完全闭合方可放开。

② 冷压后的端头不应有松动及毛刺、扭曲或开裂等现象。

（4）接线要求

① 电气元件的同一接点一般只连接一根导线，必要时允许连接两根导线，但中间要加一个精制垫片。当一个端子连接两根导线时，对于插接式端子，不同截面积的两根导线不能接在同一端子上。

② 连接导线的紧固螺钉应拧紧，螺母拧紧后螺钉露出 2～5 牙。若元件接点无弹垫，接线员应配上。

③ 若导线端子采用羊眼圈，则弯制方向与螺栓拧紧方向必须保持一致，即右旋。

④ 在一般情况下，导线不允许弯成螺旋状后连接，但接地线例外。圈数为 5～7 圈。

⑤ 控制回路的导线接入发热元件（如电阻、二极管、散热片）时，其走线应从发热元件的下方或侧面通过，且间距大于 30mm。

⑥ 管型电阻接线时，应将导线绝缘层剥去后套上耐热瓷珠。接入小于或等于 15W 的电阻时，导线剥去绝缘层的长度为 20mm；接入大于 15W 的电阻时，导线剥去绝缘层的长度为 40mm，剥去绝缘层时不准损伤线芯，导线与电阻连接时，用电烙铁将连接处焊牢，不得有虚焊现象。

⑦ 时间继电器（SJ）及中间继电器（ZJ）上的附加电阻，不能悬空挂焊，应固定在面板或支架上。

⑧ 导线接到元件接线端子时，导线不允许把元件上的接线端子遮住，应方便拆装。

⑨ 控制线发现有差错改图需要变动时，如修改线路二次线欠长时应重新加线，不允许焊接。新加的导线要求弯曲形状与原来保持一致。

⑩ 连接两个电气元件接点的导线或一个电气元件本身接点的连线均不准有中间接头。

⑪ 当元件本身带有引出线接入电器时，如果原来的引线长度不够，应装有过渡端子进行过渡，不得悬空连接。当元件本身的附件线太长，可按实际需要长度加以剪切。

⑫ 所有电气元件上未接线的端子的紧固螺钉都必须拧紧。

⑬ 所有接线头处应该有防松垫圈。

⑭ 接到母排上的检测线不允许穿插。

（5）走线要求

① 自上而下（或自左到右）地将线束理成塔形或多边形（线束太大也可理成圆形），然后分路，并将上下笔直的线路放在外档，上下折弯的线路放在内档。

② 当控制回路的导线线束敷设过程中需弯曲、转换方向时，不允许使用尖嘴钳、钢丝钳等可能损伤导线绝缘层的工具，只允许徒手或用变线钳进行弯曲。其最小弯曲半径不得小于导线绝缘外径的 2 倍。

③ 装在充电桩面（门）板上的电气元件（如显示屏等），如果导线是穿过面（门）板下面接入该电气元件，导线在面（门）板上正面的长度及弯曲形状必须保持一致，达到整齐美观的要求。

④ 在控制回路的导线线束敷设途中，如遇有金属障碍，则应加以弯曲越过，中间保持 5mm 以上的距离。

⑤ 需要转换开关的连接线必须与其活动挡板保持 15mm 以上的间隙，如图 3-80 所示，面板上的线束应先敷设在样板铁上，然后分路到各元件上。

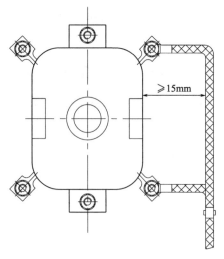

图 3-80　转换开关线束布置方式

⑥ 分路到继电器的线束，一律按水平居中向两侧分开的方向布置，到继电器接线端的每根线应略带圆弧状连接，如图 3-81 所示。

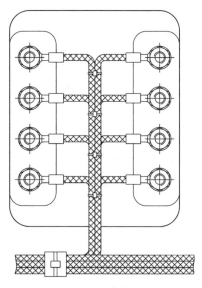

图 3-81　线束横向对称布置

⑦ 分路到仪表采用线束布置方式如图 3-82 所示。按钮线束布置方式如图 3-83 所示，功率线束布置方式如图 3-84 所示。

（6）扎线要求

① 线束采用尼龙捆扎带绑扎。

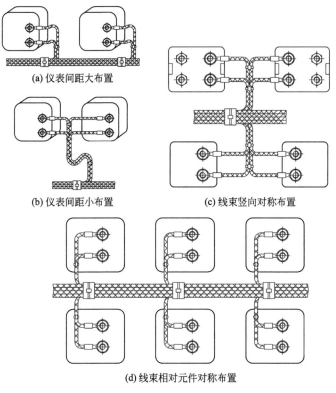

(a) 仪表间距大布置

(b) 仪表间距小布置

(c) 线束竖向对称布置

(d) 线束相对元件对称布置

图 3-82　仪表线束布置方式

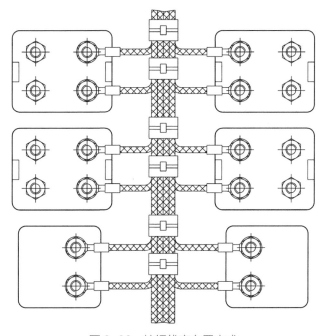

图 3-83　按钮线束布置方式

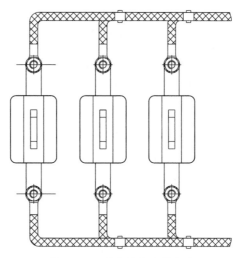

图 3-84　功率线束布置方式

②按导线去向捆扎成线束，并在敷设途中及时分出与补入，逐渐形成总体线束与分支线束，线束分线处及中间允许导线交叠，线束表面不准有交叠现象。

③在样板铁上敷设线束的捆扎。

④先用绝缘带将样板铁包扎，将导线整齐排列成塔形或多边形，用绝缘带一端插入线束中部，再与样板铁一起进行包扎 2～5 圈，包扎后用捆扎带抽紧，且捆扎带尾朝上，等全部完工后，齐根剪去带尾，如图 3-85 所示。

⑤不在样板铁上敷设线束的包扎。

⑥将导线理顺整齐排列成近似圆形的线束，用捆扎带包扎，线束中间的扎线处要均匀，其横向扎距 150mm，纵向扎距 200mm。在横向 300mm（或纵向 400mm）上应有一个固定点，防止线束晃动。

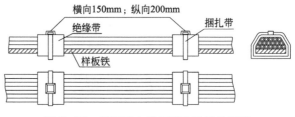

图 3-85　样板铁上敷设线束的捆扎示意

⑦ 两个互感器之间、传感器之间的二次线在无引线槽的情况下必须用线夹固定。

工艺检查：

① 按工艺要求逐项检查。一般采用目测法检查，有数据要求时用钢直尺测量检查。

② 对采用绝缘冷压端头的接线用手拉法抽样检查，判断端头是否压接牢固。

③ 检查所有电气元件及端子排上不接线的端头的螺钉是否配齐拧紧。

④ 同一工程（单位）的柜架，其接线布局、所有材料应一致。

⑤ 接图纸检查，是否正确。

⑥ 清理现场，不允许有垫圈、螺钉、螺母、线头、标号头等杂物滞留在柜内。工具、凳子等整齐摆放在指定位置。

3.2.10 系统集成

直流充电桩系统硬件的总体设计如图 3-86 所示。硬件结构分为三层，最上层为整机控制中心，其中触摸屏、读卡模块、电表模块、联网模块通过 485 电路与上板链接，电源指示灯、运行指示灯、故障指示灯通过 I/O 口与上板连接；中间层为控制电路板层，分为计费控制板、充电控制板、功率控制板；最下层为功率转换及相关电路，其中防雷模块、急停电路、门禁电路等通过 I/O 口反馈信号，输入接触器、辅助电源接触器、输出接触器、充电枪电子锁由充电控制板 I/O口控制，模块电源组、充电枪通过 CAN 总线与功率控制板连接，绝缘监测模块通过 RS485 接口与充电控制板连接，电流采样电路、电压采样电路、充电枪检测点通过 AD 口与充电控制板连接。

为保障直流充电桩的安全充电，进行如下安全设计：

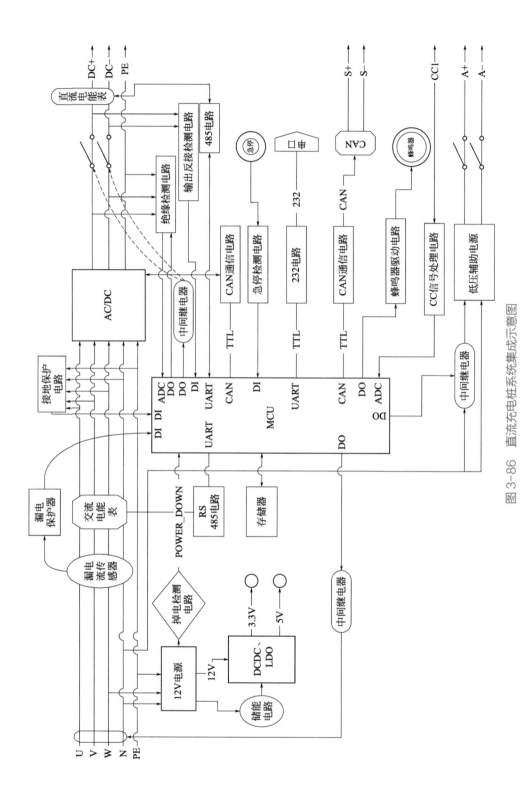

图3-86 直流充电桩系统集成示意图

① 急停按钮　充电桩作为电气设备，在机箱显眼部位必须安装急停按钮，在紧急情况下按下急停按钮，系统必须停止工作并切断输入电源。

如图 3-87 所示，ES 急停按钮被按下，触点 23-24 闭合，输入交流接触器 KM3 被断开；同时触点 11-12 闭合，INT1 点被拉到中性线 N 上，状态被控制板感应到，系统停止充电过程并进行充电后处理。

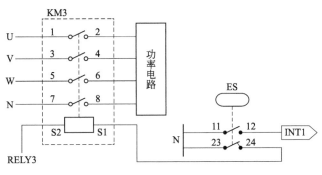

图 3-87　急停控制原理

② 漏电保护器　以交流电作为输入电能的充电桩必须在输入侧安装漏电保护器，确保安全，如图 3-88 所示。

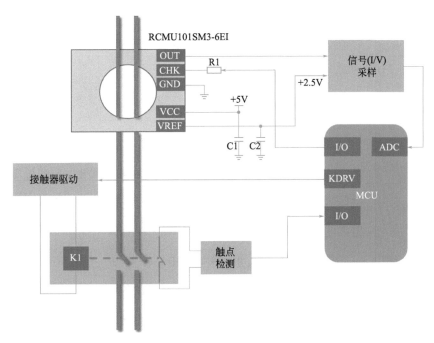

图 3-88　漏电保护原理

③ 防雷保护器　如图 3-89 所示，输入三相电源通过断路器 CB1 接到浪涌保护器 SPD，SPD 内部有常闭开关，当 SPD 保护时开关断开。反馈信号 INT2 通过状态反馈电路接入控制板，检测原理同急停电路。

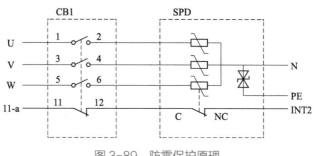

图 3-89　防雷保护原理

④ 门禁保护　门禁电路如图 3-90 所示，11-b 接到防雷电路的 11-a，反馈信号 INT2 通过状态反馈电路接入控制板，检测原理同急停电路。

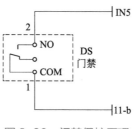

图 3-90　门禁保护原理

⑤ 绝缘检测　在直流充电过程中，必须确保直流母线的绝缘状态，GB/T 27930 充电流程中规定：充电桩对车放电前要检测直流母线之间、直流母线和大地（PE）之间的绝缘状态，国标规定的绝缘检测位置如图 3-91 所示。

如图 3-92 所示为绝缘检测电路原理图。充电直流回路 DC+、PE 之间的绝缘电阻，与 DC−、PE 之间的绝缘电阻（两者取最小值 R），当 $R > 500\Omega$ 视为安全；$100\Omega < R \le 500\Omega$ 时，宜进行绝缘异常报警，但仍可正常充电；$R \le 100\Omega$ 视为绝缘故障，应停止充电。

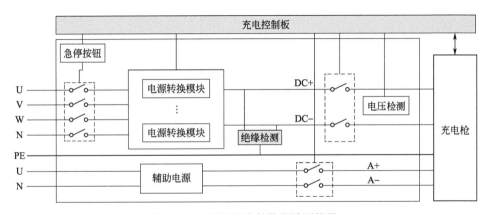

图 3-91 国标规定的绝缘检测位置

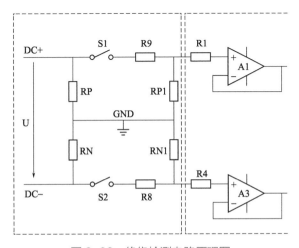

图 3-92 绝缘检测电路原理图

通过绝缘检测后，绝缘检测电路从系统中断开，充电桩对车辆放电。充电过程中，车辆继续检测直流回路中的绝缘状态，发现异常时停止充电，并通知充电桩。

本章小结

电动汽车充电技术是汽车电动化的进程中关键技术，也是新能源互联网中数据与信息的关键来源。本章介绍了电动汽车充电的关键技术与系统集成，涉及充电标准化、充电系统组成包含充电枪线的设计、充电桩结构以及工艺设计、充电桩电气系统、电力电子充电电源模块、充电控制系统、交互系统、散热系统、线束设计以及系统集成与充电安全等方面核心技术。对于读者了解电动汽车充电领域关键技术发展脉络有一定的帮助。本章还浅析了小蜂充电在充电产品设计研发中心的一些案例和优势，有利于行业内从业者把握充电技术未来的发展方向。

第 **4** 章

超级充电

4.1
超级充电的意义

电动汽车充电时长、续航里程焦虑是制约电动汽车发展的关键因素。随着新能源汽车的发展，续航里程逐渐增加，充电时长成为电动车用户最关心的问题。

由于 $P_{充电功率}=I_{充电电流}U_{充电电压}$，因此要提升充电功率就必须提升电池电压或者充电电流，由此形成了两个技术方向：提升电池电压和充电电流，有些车企将整车电压平台由 400V 提升至 800V，提升电压平台意味着很多部件需要重新选型。另一条技术路线为在不提高整车电压平台的情况下，提高充电电流，可以起到提高充电功率的效果。

4.2
充电电流的限制因素

电动汽车在直流充电时，SOC 从 10% 至 80% 时采用快速充电，SOC 大于 80% 时采用涓流充电。充电时电流流经充电枪以及充电枪线缆，因电阻的存在会发热。对于导体而言，发热的三种来源为：电阻损耗、铁磁损耗、介质损耗，其中铁磁损耗、介质损耗对直流充电影响不大，所以我们只需要考虑电阻损耗。发热量公式为：

$$Q=\int I^2 Rt \qquad (4\text{-}1)$$

由式（4-1）可以看出，发热量与电阻成正比，采用低电阻率的材料可以减小充电过程中产生的热量，所以直流枪的功率端子材料一般都是用低电阻率的纯铜材料制成的。发热量与电流的平方成正比，随着电流的增大，发热量迅速增大。下面计算发热量、散热量和导体温升的关系。

散热有三种形式：传导、对流、辐射。传导散热是散热的主要形式，这里主要考虑液体的传导散热。

充电过程中的热平衡公式为：

$$Q=\sum P_{散}t+Q_1 \tag{4-2}$$

其中，$\sum P_{散}t$ 为总散热量，$\sum P_{散}=K_tA\tau\Delta t=P_{散}t$。

式中，K_t 为热导率；A 为导热面积；τ 为导热厚度；Δt 为导体温升；$P_{散}$ 为散热功率；Q_1 为因导体温升吸收的热量。

$$Q_1=cm\Delta t \tag{4-3}$$

式中，c 为导体比热容；m 为导体质量；Δt 为导体温升。

我们以某液冷充电枪系统恒流测试为基础，计算散热功率，其参数如下。

通电电流 I：250A；通电时间 t：30min；最大温升（枪尾铜排处）：4.3℃；最小温升（DC+ 端子压接处）：2℃；铜比热容：385J/（kg·℃）。

线缆参数如表4-1。

表 4-1　线缆参数

截面积 /mm^2	0.75	4	25	50
20℃时导线电阻 /（Ω/km）	26.000	4.950	0.780	0.386

充电枪系统电阻（测量值）：2.6mΩ。

导体质量：用 ρlS 计算，$\rho=8.9\times10^3$kg/m^3，l 按 5.1m 计算，S 是 50m^2，计算为 $8.9\times10^3\times5.1\times50\times10^{-6}=2.27$kg。

代入热平衡公式：

$$250\times250\times2.6\times10^{-3}\times30\times60=P_{散热min}\times30\times60+385\times2.27\times4.3$$

$$250\times250\times2.6\times10^{-3}\times30\times60=P_{散热max}\times30\times60+385\times2.27\times2$$

$$P_{散热min}=1604W$$
$$P_{散热max}=1615W$$

由计算可知因导体温升引起的热量损失很小，可以忽略不计。热量主要由液冷系统、对流散热等方式散发出去。

塑胶材料、密封件的橡胶材料和金属材料都有允许使用温度，长时间在超过允许使用温度工况下工作会使材料性能大大下降，甚至引起安全事故，充电枪的使用温度＝环境温度＋充电枪温升，所以当环境温度比较高时，充电枪允许的温升就要降低，即采用降额充电的方式进行充电。一般充电时温度超过 90℃就要降低充电电流了。

线缆导体的截面积越大，能承载的电流越大，为提高充电电流，往往采用增大功率导体截面积的方式来解决，但是增大导体的截面积会导致线缆重量增大，用户体验很差。同时，线缆截面积的增大也会大大增加线缆的成本，而采用强制冷却的方式可以降低充电系统的温度。强制冷却有风冷和液冷两种方式。由于液冷的换流系数和比热远高于风冷，所以液冷的换热效率远大于风冷，液冷可以使较小截面的线缆承载大电流，有效解决这一问题。

4.3

液冷充电系统原理

液冷充电系统由充电枪、换热器、油箱、冷却泵、流量计、压力表及与之相连的冷却管组成，其工作原理是冷却液泵驱动冷却液在线缆、充电连接器、油箱之间循环流动，线缆及充电连接器产生的热量与冷却液进行热传导交换。被加热的冷却液经过散热器被冷却，如此循环往复，使线缆及充电枪保持较低的温升。其系统原理如图 4-1 所示。

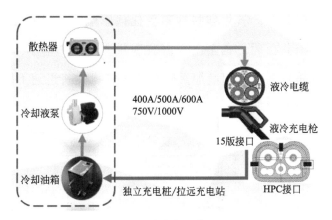

图 4-1　液冷充电系统原理图

4.4

液冷充电枪的分类

（1）按照冷却液介质分类

根据冷却液介质的不同，液冷充电枪可分为油冷和水冷两种。油冷充电枪使用的介质一般为二甲基硅油，水冷充电枪的介质为水＋乙二醇水溶液（因水在0℃以下环境会结冰，影响正常使用，添加乙二醇后可以使介质在低温环境下使用），水为去离子水，水和乙二醇的比例通常为1∶1。两者的优劣比较如下。

二甲基硅油介质优点：硅油具有良好的介电性质和高拒水性，具有良好的流动性、电绝缘性和耐候性，无嗅无毒，不挥发，具有良好的化学稳定性，可在 $-50 \sim +200℃$ 下长期使用。

二甲基硅油介质缺点：硅油的比热容较小，约为 1.5J/ $(g \cdot ℃)$ ，热导率小，二甲基硅油在25℃下的热导率为 $0.14 \sim 0.16$ $W/m \cdot K$ 。由公式 $P_{换热} = \rho c v \Delta t$ 可知，在相同的流量温度条件下硅油的换热功率较小。另外，室温环境下，硅油不受酸碱水溶液的影响，但在高温环境中，即使混入微量的酸碱，有机硅油也会发生黏度增加或凝胶化现象。硅油可以和铝、不锈钢等大多数金属共存，其化学特性不受任何影响，不过在和铅、锡、碲、锡、磷共存时，也会出现凝胶现象。硅油不溶于水，但却极易吸水，随着含水量的增加，硅油的电绝缘性将迅速下降。二甲基硅油的参数如表4-2。

表4-2　二甲基硅油参数表

硅油品种	黏度/(mm²/s)(25℃)	相对密度(25℃)d	折射率(25℃)n	黏温系数	流动点/℃	闪点/℃	热胀系数/℃⁻¹	热导率(50℃)/(10⁻⁴ W/m·K)	表面张力/(mN/m)	介电常数
二甲基硅油	0.65	0.759	1.375	0.31	−68	−1	13.4	2.4	16	2.2
	10	0.94	1.399	0.57	−65	165	10.8	3.2	20	2.6
	20	0.95	1.4	0.59	−84	232	10.7	3.4	20.6	2.72
	50	0.96	1.4015	0.59	−70	285	10.6	3.6	20.8	2.75
	100	0.968	1.403	0.60	−55	315	9.6	3.7	21	2.75
	200	0.97	1.403	0.60	−50	315	9.5	3.8	21.1	2.75
	350	0.97	1.403	0.60	−50	315	9.5	3.8	21.1	2.75
	500	0.97	1.403	0.60	−50	315	9.5	3.8	21.1	2.75
	1000	0.971	1.403	0.60	−50	315	9.5	3.8	21.1	2.75
	2000	0.971	1.403	0.60	−50	315	9.5	3.8	21.1	2.75
	3000	0.971	1.403	0.60	−50	315	9.5	3.8	21.1	2.75
	5000	0.975	1.403	0.60	−50	315	9.5	3.8	21.1	2.75

乙二醇水溶液介质优点：乙二醇溶液具有良好的载热能力和较大的比热容，乙二醇和水体积比1:1的溶液在25℃的比热容约为3.3kJ/（kg·K），热导率约0.352W/(m·K)，可在一定的低温环境中使用，乙二醇不挥发、不凝结，其成本较低。

乙二醇水溶液介质缺点：乙二醇具有一定的毒性，乙二醇水溶液中的水是可挥发的液体，虽然初始状态的乙二醇水溶液具有良好的电绝缘性，但混入金属离子后将导电，需要考虑结构的电气绝缘设计。体积比1:1的乙二醇水溶液的沸点为107.2℃，冰点为−34℃。所以其使用温度范围较硅油较小，为−30～+50℃。

乙二醇水溶液的比热容和其浓度关系如表4-3。

表4-3 乙二醇水溶液的比热容与其浓度关系

单位：kJ/（kg·K）

温度/℃	乙二醇水溶液浓度（体积浓度）								
	10%	20%	30%	40%	50%	60%	70%	80%	90%
−35	—	—	—	—	3.068	2.844	2.612	2.37	—
−30	—	—	—	—	3.088	2.866	2.636	2.397	—
−25	—	—	—	—	3.107	2.888	2.66	2.423	2.177
−20	—	—	—	3.334	3.126	2.909	2.685	2.45	2.206
−15	—	—	—	3.351	3.145	2.931	2.709	2.477	2.235
−10	—	—	3.56	3.367	3.165	2.953	2.733	2.503	2.264
−5	—	3.757	3.574	3.384	3.184	2.975	2.757	2.53	2.293
0	3.397	3.769	3.589	3.401	3.203	2.997	2.782	2.556	2.322
5	3.946	3.78	3.603	3.418	3.223	3.018	2.806	2.583	2.351
10	3.954	3.792	3.617	3.435	3.242	3.04	2.83	2.61	2.38
15	3.963	3.803	3.631	3.451	3.261	3.062	2.854	2.636	2.409
20	3.972	3.815	3.645	3.468	3.281	3.084	2.878	2.663	2.438
25	3.981	3.826	3.66	3.485	3.3	3.106	2.903	2.69	2.467
30	3.989	3.838	3.674	3.502	3.319	3.127	2.927	2.716	2.496
35	3.998	3.849	3.688	3.518	3.339	3.149	2.951	2.743	2.525
40	4.007	3.861	3.702	3.535	3.358	3.171	2.975	2.77	2.554
45	4.015	3.872	3.716	3.552	3.377	3.193	3	2.796	2.583
50	4.024	3.884	3.73	3.569	3.396	3.215	3.024	2.823	2.612
55	4.033	3.895	3.745	3.585	3.416	3.236	3.048	2.85	2.641

乙二醇水溶液的密度和其浓度的关系如表4-4。

表4-4 乙二醇水溶液的密度与其浓度关系

单位：kg/m³

温度/℃	乙二醇水溶液浓度（体积浓度）								
	10%	20%	30%	40%	50%	60%	70%	80%	90%
−35	—	—	—	—	1089.94	1104.6	1118.61	1132.11	—
−30	—	—	—	—	1089.04	1103.54	1117.38	1130.72	—
−25	—	—	—	—	1088.01	1102.36	1116.04	1129.21	1141.87
−20	—	—	—	1071.98	1086.87	1101.06	1114.58	1127.57	1140.07

温度/℃	乙二醇水溶液浓度（体积浓度）								
	10%	20%	30%	40%	50%	60%	70%	80%	90%
−15	—	—	—	1070.87	1085.61	1099.64	1112.99	1125.82	1138.14
−10	—	—	1054.31	1069.63	1084.22	1098.09	1111.28	1123.94	1136.09
−5	—	1036.85	1053.11	1068.28	1082.71	1096.43	1109.45	1121.94	1133.91
0	1018.73	1035.67	1051.78	1066.80	1081.08	1094.64	1107.50	1119.82	1131.62
5	1017.57	1034.36	1050.33	1065.21	1079.33	1092.73	1105.43	1117.58	1129.20
10	1016.28	1032.94	1048.76	1063.49	1077.46	1090.70	1103.23	1115.22	1126.67
15	1014.87	1031.39	1047.07	1061.65	1075.46	1088.54	1100.92	1112.73	1124.01
20	1013.34	1029.72	1045.25	1059.68	1073.35	1086.27	1098.48	1110.13	1121.23
25	1011.69	1027.93	1043.32	1057.60	1071.11	1083.87	1095.92	1107.40	1118.32
30	1009.92	1026.02	1041.26	1055.39	1068.75	1081.35	1093.24	1104.55	1115.30
35	1008.02	1023.99	1039.08	1053.07	1066.27	1078.71	1090.43	1101.58	1112.15
40	1006.01	1021.83	1036.78	1050.62	1063.66	1075.95	1087.51	1098.48	1108.89
45	1003.87	1019.55	1034.36	1048.05	1060.94	1073.07	1084.46	1095.27	1105.50

乙二醇水溶液的黏度和其浓度关系如表 4-5。

表 4-5　乙二醇水溶液的黏度与其浓度关系

单位：mPa·S

温度/℃	乙二醇水溶液浓度（体积浓度）							
	10%	20%	30%	40%	50%	60%	70%	80%
−35	—	—	—	—	66.93	93.44	133.53	191.09
−30	—	—	—	—	43.98	65.25	96.57	141.02
−25	—	—	—	—	30.5	46.75	70.38	102.21
−20	—	—	—	15.75	22.07	34.28	51.94	74.53
−15	—	—	—	11.74	16.53	25.69	38.88	55.09
−10	—	—	6.19	9.06	12.74	19.62	29.53	41.36
−5	—	3.65	5.03	7.18	10.05	15.25	22.76	31.56
0	2.08	3.02	4.15	5.83	8.09	12.05	17.79	24.44
5	1.79	2.54	3.48	4.82	6.63	9.66	14.09	19.2
10	1.56	2.18	2.95	4.04	5.5	7.85	11.31	15.29
15	1.37	1.89	2.53	3.44	4.63	6.46	9.18	12.33
20	1.21	1.65	2.2	2.96	3.94	5.38	7.53	10.05
25	1.08	1.46	1.92	2.57	3.39	4.52	6.24	8.29

温度 /℃	乙二醇水溶液浓度（体积浓度）							
	10%	20%	30%	40%	50%	60%	70%	80%
30	0.97	1.3	1.69	2.26	2.94	3.84	5.23	6.9
35	0.88	1.17	1.5	1.99	2.56	3.29	4.42	5.79
40	0.8	1.06	1.34	1.77	2.26	2.84	3.76	4.91
45	0.73	0.96	1.21	1.59	2	2.47	3.23	4.19
50	0.67	0.88	1.09	1.73	1.78	2.16	2.8	3.61
55	0.62	0.81	0.99	1.29	1.59	1.91	2.43	3.12
60	0.57	0.74	0.9	1.17	1.43	1.69	2.13	2.72
65	0.53	0.69	0.83	1.06	1.29	1.51	1.88	2.39

（2）按照线缆结构分类

按照线缆结构，即冷却介质在线缆中的布置，可分为油包铜和铜包水的结构，如图4-2和图4-3所示。

图 4-2　油包铜线缆结构　　　图 4-3　铜包水线缆结构

油包铜结构优点：油包铜结构将线缆铜导线包在冷却液介质中，可对线缆充分冷却，同时冷却管直径较大，其流量较大，冷却液压力损失较小。此种结构形式不需要考虑冷却介质的电气绝缘，所以结构空间要求相对较小，结构较简单。CHAOJI 充电枪即采用此种结构形式。

油包铜结构缺点：因线缆的铜导线完全浸没在冷却液中，所以其线缆尺寸一般较铜包水大，此限制决定了其出液方式一般为一进两出或一进一出。线缆中细小的线丝混入冷却液中造成的不利影响是此结构不得不考虑的。另外，因硅油有较小的密度和比热容，使得其换热功率在相同流量下较小。

铜包水结构优点：铜包水结构在设计时已经考虑了冷却液的电气隔离，其线缆尺寸稍小，一般为两进两出的结构形式，其换热功率在相同流量下较大。

铜包水结构缺点：铜包水结构决定了其冷却管外径较小，冷却液流量较小，其压力损失较大。冷却液介质和线缆铜导线之间有冷却管，其无法对线缆充分冷却，大电流充电时，其线缆护套温度较高。另外，适用环境温度范围较硅油小，为 $-30 \sim +50℃$。

（3）按照冷却结构分类

按照冷却结构分类，可分为一进二出、一进一出、两进两出的结构。

一进二出结构，适用于硅油冷却介质，DC+ 和 DC− 共用进水管，冷却液和线缆导体、充电枪铜端子直接接触。优点是冷却液流量较大，可减小线缆的尺寸和重量。缺点是线缆杂质混入冷却液有堵塞接头风险，同时两个出水管流量可能不均匀，DC+、DC−冷却效果有差异。

一进一出结构，适用于硅油冷却介质，DC+ 和 DC− 线缆共用进出水管，冷却液和线缆导体、充电枪铜端子直接接触。优点是冷却液流量较大，可比一进二出结构减小更多线缆尺寸和重量。缺点是有线缆铜杂质混入冷却液的风险，冷却液循环时压力损失较一进二出结构更大；另外，冷却液同时对 DC+ 和 DC−进行冷却，冷却液温升更大。

两进两出结构，适用于乙二醇水溶液冷却介质，也可用于硅油冷却介质。冷却液和线缆铜导体之间有液冷管，冷却液和充电枪端子之间隔一层导热胶。优点是冷却液分别对 DC+ 和 DC−冷却，水管流量均匀，冷却液无杂质混入风险，相同流量下其换热功率较大。缺点是因冷却管包裹在线缆铜导线内，其管径较小，冷却液流量较低；同时冷却管热导率较小，无法对线缆有效冷却，线缆护套温升较高；两束线缆压接（焊接）到同一个端子上，线缆剥线处至压接点无法冷却。两进两出结构的技术方案如图 4-4 所示。

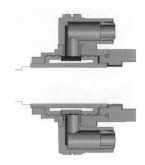

图 4-4　两进两出结构的技术方案

（4）按照标准分类

按照标准分类可分为 GB/T 20234.1—2015 版接口的大电流充电枪和 Chaoji 大电流充电枪，如图 4-5 和图 4-6 所示。GB/T 20234.1—2015 版接口适用于市场上大部分现存的充电接口。而未来车辆上都将装配有 Chaoji 充电接口。

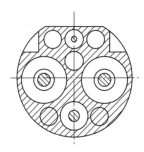 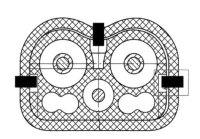

图 4-5　GB/T 20234.1—2015 接口　　　　图 4-6　Chaoji 接口

4.5
液冷充电枪的结构方案

充电枪和充电座的电阻主要有充电枪的插针与充电座的插孔插合形成的接触电阻，线缆与充电枪、充电座连接（焊接或压接）形成的连接电阻，通过对充电过程中发热情况进行分析，发现主要发热点即为针孔接触位置、线缆连接位置，所以，需要对此处位置进行额外的冷却，如图 4-7 所示。

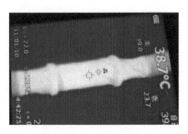

图 4-7　发热点分析

如图 4-8 所示为插针冷却的技术方案。所用介质为二甲基硅油，介质从进液口进入端子，从出液口流出回到液冷油箱，带走发热点产生的热量，并在油箱处被换热器冷却，通过介质的循环流动，降低充电枪处的温升。

如图 4-9 所示为乙二醇水溶液介质方案。水冷介质充电枪的结构类似，不同的是冷却液不能直接与端子接触，需要借助导热绝缘材料将热量传导到冷却介质，介质循环流动到油箱处由换热器冷却，从而降低充电时的温升。

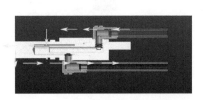

图 4-8　液冷插针的技术方案

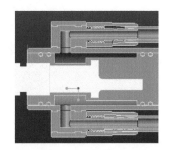

图 4-9　乙二醇水溶液介质方案

4.6

液冷充电枪冷源

在液冷充电枪方案中，除了液冷充电枪以及连接的液冷管，其余部分即为液冷系统冷源。一般冷源将油箱、液冷泵、散热风扇、流量计、压力表等部件集成在一起，除了这些功能部件外，冷源还包含液位传感器、温度传感器、控制系统，如图4-10所示。

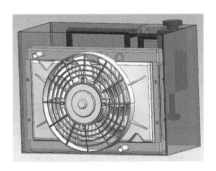

图4-10 冷源

冷源选型参数主要有换热功率、扬程等参数。

（1）总需求换热功率计算

按照35mm²、5m线过600A电流的充电工况计算，假设环境温度50℃，允许温度升至85℃。35mm²线缆参数如表4-1。

电总阻 R 约为 5.54×1.1=6.1mΩ，式中总电阻近似计算为线电阻的1.1倍。发热功率 $P=I^2R$=2196W，乘以安全系数1.1，P=2.196×1.1=2.42kW，需求换热功率为2.4kW。

按照二甲基硅油介质进行计算核算此换热功率是否满足要求，过程如下。

假设环境温度50℃，允许的介质最大温度为85℃，即最大温升为35℃，介质为二甲基硅油，按照平衡状态硅油热平衡计算。硅油密度 ρ=0.918g/cm³，比热容 C=1.8kJ/（kg·℃），进油口温度50℃，出油口温度85℃，流量按照测得的2.4L/min，$P_v=\rho VC\Delta t$=0.918×2.4/60×1.8×（85－50）kW=2.31kW。可知换热功率2.4kW可以满足冷却功率需求。

（2）扬程计算

冷却介质在液冷系统循环时会产生压力损失，为使液冷系统顺利运行，液冷系统必须具有一定的扬程。扬程计算公式如下：

$$H=(P_2-P_1)/(\rho g)+(C_2-C_1)/2g+(Z_2-Z_1) \qquad (4\text{-}4)$$

式中，H 为扬程；P_1、P_2 为泵进出口处液体的压力；C_1、C_2 为泵在进出口处的流速；Z_1、Z_2 为进出口高度；g 为重力加速度。

如表 4-6 所示为某液冷系统的扬程计算参数，冷源的扬程应大于计算所得的扬程。

表 4-6　液冷系统的扬程计算参数

电流 /A	电压 /V	进油流量 /(L/min)	进油流速 /(m/s)	出油流量 /(L/min)	出油流速 /(m/s)	进油压力 /Pa	出油压力 /Pa	系统电压 /V	系统电流 /A	扬程 /m
500	1.8	2.2	29.6	2.2	29.4	57000	491000	24	5.91	43.4
400	1.4	2.26	28.9	2.2	28.9	61000	491000	24	5.88	43.0
350	1.2	2.2	28.8	2.2	28.9	64000	491000	24	5.99	42.7
300	1	2.2	28.6	2.2	28.7	66000	494000	24	5.99	42.8
250	0.8	2.1	28.4	2.1	28.5	69000	495000	24	5.98	42.6

（3）冷源换热功率

不同的冷却系统其介质、流量均有可能不同，所以不同的液冷充电枪系统其换热功率不同。冷却液从充电枪流出后温度升高，经冷源冷却后温度降低，所以通过计算进出油管的温差可以计算出液冷充电枪系统的实际换热功率，其计算公式如下：

$$P_{换}=\rho CV\Delta t \qquad (4\text{-}5)$$

式中，$P_{换}$ 为换热功率；ρ 为介质密度；C 为液体比热容；Δt 为进出油管温差。

液冷系统的换热效率计算如下：

$$\eta=\frac{P_{换}}{P_{发}} \qquad (4\text{-}6)$$

式中，η 为换热效率；$P_{发}$ 为发热功率。

4.7
未来大功率充电枪技术展望

目前对于电动汽车而言，大功率充电可以达到 350 ～ 500kW，而不久的将来，快速充电可以达到 900kW（600A×1.5kV）甚至更高，但现阶段的 600A 电流也不会是终点，未来充电电流也许会高达 2000A，这时的充电速度会和加油一样快。当采用更高充电电流的时候，液冷方式充电就到了一个技术瓶颈，无法满足更大充电电流的要求。

相变材料（Phase Change Material，PCM）的技术方案也许会是大电流充电的终极解决方案，PCM 是在相变循环期间吸收和释放热量的材料。自然界中热导率最好的材料为银［热导率 420W/(m·K)］和铜［导热率 401W/(m·K)］，而使用了 PCM 制造的热管的热导率可以达到 10000 ～ 100000W/(m·K)。

热管技术是 1963 年美国洛斯阿拉莫斯国家实验室的乔治格罗佛发明的，它利用热传导原理和相变介质的快速热传递性质，通过热管将发热物体的热量传递到热源外。

如图 4-11 所示，热管通常由三部分组成：主体为一根封闭的金属管，内部空腔充填有工作介质和毛细结构。热管的一段受热时毛细芯内的液体蒸发气化，向另一端放热凝结成液体，液体沿多孔毛细材料靠毛细力的作用流回蒸发端，如此循环往复，热量从热源传导到冷却端，其传导速度非常快。

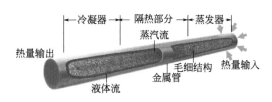

图 4-11　热管组成

热管技术在 20 世纪 60 ～ 70 年代开始大量使用，在航空航天、铁路、计算机等领域被大量使用，热管技术涉及相变原理、抽真空技术、真空灌装、封装技术，新能源领域高压大电流的使用场景使得 PCM 的应用需要克服更多的技术难题，所以目前其应用还只是停留在实验室阶段。福特和普渡联合开发的快速充电电缆，在实验室中可以实现约 2500A 的充电电流，预计他们将在未来两年内开始对原型充电电缆进行测试。

本章小结

为了解决新能源电动汽车快速充电的问题，本章提出了大功率充电的技术路线，分析了充电电流的限制因素，为提升充电电流提出了液冷的充电思路并展示了液冷充电的原理图。液冷充电枪根据冷却介质可分为油冷和水冷两种；根据线缆结构可分为铜包水和油包铜两种；根据冷却结构可分为一进一出、一进两出、两进两出等形式；根据符合标准的不同可分为 Chaoji 充电枪和 GB/T 20234.1—2015 接口充电枪。根据充电过程中发热情况的分析确定了充电枪充电时需要额外冷却的位置，并提出了油冷和水冷两种介质的一种结构形式。充电枪充电产生的热量最终需要通过冷源进行换热，本章计算了冷源需要满足的换热功率、扬程等技术参数。液冷充电枪技术可大大提升充电电流和充电操作性，最后展望了未来更大充电电流情况下的技术方向。

第 **5** 章

充电运营管理

对于公共充电场站来说，用户充电涉及鉴权、付费等环节。这些都需要通过充电运营平台来完成。鉴权方式分为：APP（小程序）、充电卡、VIN 码等，其鉴权过程需要在平台完成。收费过程需要运营平台和其他支付平台（微信、支付宝、银联等）配合完成。用户充电的历史记录保存在运营平台。

5.1

充电运营及平台全球标准

目前，国内没有统一的充电桩连接服务平台协议，各个运营商都有自己的平台协议，其中头部的几大平台有：国家电网、特来电、星星充电、小蜂充电、小桔充电、云快充、蔚景云、E 充网等，还有来自美国的特斯拉。其中国家电网、特来电、星星充电、特斯拉等平台只接入自家充电桩，其他平台只做运营，可以接入其他生产商的充电桩。

国家电网充电协议基于电力系统的 104 规约，小桔充电和云快充基于物联网的 MQTT，其他的协议基于 TCP。充电运营平台协议主要有以下功能：

① 电桩设备登录管理；

② 电桩费率设置；

③ 充电账号鉴权；

④ 控制充电过程；

⑤ 充电结算收费；

⑥ 电桩设备远程维护。

国际开放充电协议（OCPP）是一个全球开放性的通信标准，主要用于解决充电网络间通信产生的各种困难。OCPP 支持充电站点与各供应商中央管理系统间的无缝通信管理。OCPP 目前已经在 49 个国家应用于 40000 多个充电设施，因此实质上它已经成为充电设施网络通信的行业标准。

OCPP 的发展历程如下。

OCPP1.5（2013 年）：通过基于 HTTP 协议的 SOAP 协议与中央系统进行通信，从而操作充电点，它支持以下功能：

① 本地和远程启动的交易，包括计费的计量；

② 授权充电会话；

③ 缓存授权 ID 和本地授权列表管理以实现更快和离线授权；

④ 状态报告，包括周期性心跳；

⑤ 固件管理；

⑥ 提供一个充电点；

⑦ 报告诊断信息；

⑧ 设置充电点可用性（操作 / 不操作）；

⑨ 远程解锁连接器；

⑩ 远程重置。

OCPP1.6（2015 年）：基于 OCPP1.5 的功能，并新增以下功能：

① 支持基于 websockets 协议的 JSON 格式数据（JSON,JavaScript 对象表示法，是一种轻量级的数据交换格式），以减少数据流量，并且能更好地节省服务器资源和带宽，以及更实时地进行通信；

② 智能充电：负载均衡，中央智能充电和本地智能充电；

③ 让充电点重新发送自身信息（以当前充电点信息为准），例如最后的计量值或充电点的状态；

④ 扩展配置选项，用于离线操作和授权。

OCPP2.0（2017 年）：基于 OCPP1.6 的功能，并新增以下功能：

① 扩展安全性，即安全性配置、证书处理、加密、安全日志记录等；

② 充电点设备管理功能，拥有充电设备新增修改功能、配置运营费率功能、监控充电站运行状态功能、故障报警通知功能。实现一个操作员同时监控多个充电站，并根据故障通知及时发现并处理问题；

③ 先进的智能充电功能，包括车辆到电网（V2G）充电功能，基于 ISO/iec15118 协议，实现端到端 V2G 通信，外部本地智能充电信号（HEMS），插枪充电功能；

④ 支持显示关税及成本；

⑤ 通过 EV 驱动首选语言包，针对特定 EV 驱动调整显示在终端上的语言；

⑥ 除了 RFID，扩展授权选项，如蓝牙、插头和充电，本地机械按键等；

⑦ 改进了在充电点上显示信息的支持；

⑧ 支持使用支付终端交易；

⑨ 标准化自动机制，实现准确的充电点日期 / 时间维护及日光节约时间自动调整；

⑩ 扩展支持组事务相关消息，以帮助中心系统处理与事务相关的消息；

⑪ 当充电点处于脱机状态时发生的交易，会被标记为线下交易，并通知中央系统；

⑫ 支持本地根据事务生成唯一 ID；

⑬ 对规范中的用例、需求和序列图进行了编号；

⑭ 提出针对计量数据的数字签名方案。

5.2
充电运营管理平台

5.2.1 运营平台概述

小蜂充电运营平台是一个与充电桩进行联网，集数据分析、控制计费于一体的综合数据平台。部分充电站运营依然类似加油站，需要人工操作，而小蜂平台为了降低运营成本，依赖大数据采集分析服务，5G网络的普及开发了无人值守的移动充电服务、打破壁垒的互联互通平台。系统内设有中央数据处理器、分布式存储服务器、高可用缓存服务器，方便电站的建设、维护，灵活配置电站收费情况，推出各种活动方便车主充电使用，收集充电站运营过程中的各项数据，分析并生成营收报表。运营平台可根据当地的实际情况配置充电价格，用来降低电桩空闲率。小区、校园、公司类地点的充电需求主要以集中充电为主，可能存在电力紧张的问题，运营平台需根据场站电力总和合理分配电力资源，保障用户充电的需求，保证充电安全。

小蜂充电运营平台已发展成一个智能网络，集齐充电、运营、运维、支付、T+0对账、自动分账等功能于一体，如图5-1所示。借助小蜂充电运营平台相关功能，信息数据流可在充电参与方之间相关流转，实现了充电、结算、支付、分账、政府补贴的全面数据化与智能化。

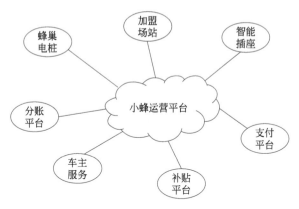

图5-1　小蜂充电运营平台功能

5.2.2　小蜂充电云平台特点与优势

充电运营平台支持灵活配置功能权限，场站主、城市代理、物业人员等不同角色均可使用。管理中心通过安全服务与外网连接，安全服务包括服务器防火墙、系统防火墙、负载服务器等保证管理中心安全性；外网与内网之间的数据交互通过HTTP服务实现，白名单与数据加密保护底层数据安全，通过数据共享，实现充电桩、用户和管理人员的统一协调，从而提高充电效率。

通过一体化平台将不同的应用进行集成，从而实现数据信息资源共享，作为平台与充电设施接口的通信层，通过 Soket 通信实现数据交互；数据层根据应用层下发的业务处理指令实现业务协议匹配，采集的数据通过数据库进行存储集群；应用层通过 API 数据访问数据库中的实时运行数据，为了减小单模块的处理压力，应用层可以实现负载均衡的功能，通过将任务进行分解，提高多模块并行处理能力，最终实现数据挖掘、APP 接口等应用服务；展现层通过 HTTPS 协议实现与用户间的互联互通，用户通过便携式移动终端、浏览网页等形式获取展现层对外展现方式。

中央数据处理器、分布式数据处理器和缓存数据库交互方法步骤：①充电桩与中央数据处理器建立联系；②中央数据处理器对充电桩数据进行实时验证，成功则进入下一步，失败则忽略；③发送充电报文到中央数据处理器；④对充电报文进行验证，成功则进入下一步，失败则丢弃；⑤判断是否在充电中，是则进入步骤⑥，否则进入⑦；⑥将数据依次存储到运行状态历史数据库、实时运行状态库和充电结算库；⑦将数据依次存储到运行状态历史数据库和实时运行状态库。

（1）充电运营 APP 定制开发（图 5-2）

考虑到充电站的不同应用场景，如校园充电站、机关单位充电站、特殊区域充电站等，不方便对外营业、用户群体信息严格保密的场景，可提供充电运营 APP 定制开发的功能，依赖运营平台和充电 APP 进行拓展，进行本地化部署，支持纯内网使用；支持指定收款方式，包括微信、支付宝、云闪付、储值卡等。

（2）充电微信公众号定制开发

考虑到充电市场的多样化，可提供充电运营微信公众号定制开发

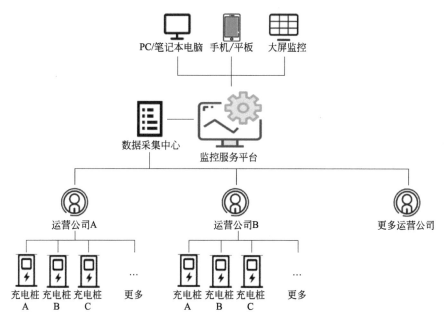

图 5-2　充电运营 APP 定制业务

的功能，依赖运营平台进行拓展，除了充电相关业务，可关联校园卡、社区卡、内部活动通知、福利管理等模块；支持指定收款方式，包括微信、云闪付、储值卡等付费方式。

（3）移动支付解决方案

平台支持灵活的支付方式选择，支持微信支付、支付宝支付、云闪付等方式，让用户使用微信或支付宝就可以付款充电，方便快捷，APP 在以上付款方式更增加了钱包功能，让用户有更多的选择。针对场站主及渠道方，支持 T+N 灵活结算，避免合作方的回款压力。

（4）充电设施运营和运维管理云平台解决方案

① 充电设施运营　设施运营根据不同的服务功能需求对应用层系统进行构建，其功能主要包括充电设施运行情况监视、相关数据信息的图形化表现、数据统计分析及报表输出以及运营数据记录查询等功能。为确保系统数据的安全，需要对用户权限进行严格管理。如图 5-3 所示为对账订单查询。

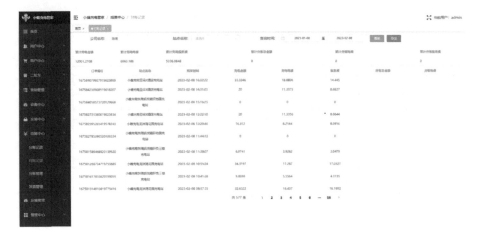

图 5-3　对账订单查询

② 运维管理云平台　运维管理云平台则服务时刻监控充电桩设备的健康状况，根据报文进行数据分析，定位问题及预防问题。如图 5-4 所示为运维包管理。

运维包txt下载	创建时间	上传状态	起始序号	总数量
运维包点击下载	2022-03-29 14:42	已上传	1	15
运维包点击下载	2022-03-29 10:32	已上传	2259	2267
运维包点击下载	2022-03-28 21:06	已上传	2251	2259
运维包点击下载	2022-03-28 19:19	已上传	1616	1624
运维包点击下载	2022-03-28 16:21	已上传	1549	1616
运维包点击下载	2022-03-28 16:11	已上传	1528	1549
运维包点击下载	2022-03-28 15:27	已上传	1463	1528
运维包点击下载	2022-03-28 15:27	上传中	1528	1540
运维包点击下载	2022-03-28 15:25	已上传	1463	1528
运维包点击下载	2022-03-28 15:24	上传中	1528	1542

Total 79　　1　2　3　4　5　6　…　8　>

图 5-4　运维包管理

运维平台能对电桩设备的实时状态进行检测，同时还具有计量的功能，通过大数据及通信技术对相关数据进行采集和读取，并通过高可用数据库保存。这样既可以实现对实时数据的获取，又可以对充电桩的相关运行参数进行远程设置。

充电桩通常在户外安装，数据通信受场地干扰较大，数据信息交互通常采用 TCP 长链接通信，复杂的环境会导致数据通信延时甚至中断，所以设备与平台需要保活报文，第一时间发现断网情况；重要报文设置确认帧，确保业务的准确性。

报文确认帧设置如下。

发送原因：1——消息发送；2——消息确认（无数据域）。

Qos 要求：0——消息不需确认；

1——消息要求确认，否则重发；

2——消息要求确认，否则重发，相同序列号只接收一次。

设备正常运行时需实时上传运行数据，但部分设备使用的是物联网卡，导致流量开销较大，使用变长报文解决了该问题，只上传变化的数据，节省流量开销，根据实际功能需求对所需的数据进行采集，然后在客户端对所要监视的数据进行展示。根据充电桩技术规范相关规定，数据及事件的记录、数据保存时间都有明确要求，为了实现数据上传的完整性，在数据采集过程中采用自动上报及触发上报两种策略，保证所有记录信息录入数据库。

变长报文字段见表 5-1，充电桩运行状态见表 5-2。

表 5-1　变长报文字段

序号	字段描述	字段类型	长度	备注
1	充电桩运行状态	BIN 码	—	参看充电桩状态定义
2	保留	BIN 码	3Byte	—
3	有效充电接口状态总数 N	BIN 码	1Byte	取值：1～16
4	充电接口状态	BIN 码	—	参看充电接口状态定义
…	…			
$N+3$	充电接口状态	BIN 码	—	参看充电接口状态定义

表 5-2　充电桩运行状态

序号	字段描述	字段类型	长度	备注
1	充电桩工作状态	BIN 码	1Byte	0 待机；1 工作；2 维护；3 故障
2	电桩箱门打开	BIN 码	1Byte	1 异常；0 正常
3	急停按钮按下	BIN 码	1Byte	1 异常；0 正常

序号	字段描述	字段类型	长度	备注
4	防雷器告警	BIN 码	1Byte	1 异常；0 正常
5	烟感器告警	BIN 码	1Byte	1 异常；0 正常
6	读卡器故障	BIN 码	1Byte	1 异常；0 正常
7	降温风扇故障	BIN 码	1Byte	1 异常；0 正常
8	交流电表故障	BIN 码	1Byte	1 异常；0 正常
9	充电柜急停按钮按下	BIN 码	1Byte	分体桩有效
10	充电柜门打开告警	BIN 码	1Byte	分体桩有效
11	交流过压告警	BIN 码	1Byte	1 异常；0 正常
12	交流欠压告警	BIN 码	1Byte	1 异常；0 正常
13	交流缺相告警	BIN 码	1Byte	1 异常；0 正常
14	充电柜风扇故障	BIN 码	1Byte	分体桩有效
15	功率模块通信故障	BIN 码	1Byte	1 异常；0 正常
16	保留	BIN 码	1Byte	—

③ 充电云系统　充电云系统提供了强大的云计算能力及高性能数据分析存储能力，为用户提供舒适的充电服务，用户根据车辆电池续航合理规划路程，对电站进行预约，一键导航至充电站进行充电，充电后可以远程观测车辆充电的情况、已充电量、剩余充满时长等数据。云平台登录界面如图 5-5 所示。

图 5-5　云平台登录界面

平台通过多协议自适应解析算法和数据分析选址等技术，实现了不同厂家充电桩的广泛接入，提高了运营商的管理水平；同时选址结果为其科学合理的决策提供了支撑，从而优化了充电设施的建设。该平台的建设有效推动了电动汽车的发展，为电动车用户提供了智能的充电服务，实现了充电设施与用户间的信息交互，提高了充电服务的高效性和便捷性，具有很好的应用前景和现实的应用价值。

④ 数据看板平台　数据看板平台用于统计整个平台的数据信息，可视化展示平台让公司更直观地了解业务运营情况。可以按时间维度、城市维度对电量数据和订单数据挖掘分析，清晰地了解当前营收情况，为未来收益曲线做预测。

⑤ 财务系统和运维系统　财务系统是充电云的一个重要模组，涉及资金操作的项目都需要谨慎，整个资金的划入与划出需要有一个清晰可见的流程与路径，财务系统就是为此服务的。用户充电完成并且支付了充电费用，这笔订单可以被客服、运营人员等不同的角色看到，但这笔费用的入账、分账、退款等操作必须只能由财务来解决。

财务系统的特殊性，决定了对权限的管控极为严格。系统采用多重访问校验机制、IP 白名单访问、纯内网服务等手段，杜绝 XSS 攻击，DDOS 攻击。采用邀请注册机制，无法直接注册与分配账号，只能有管理员发起邀请，指定人员同意后，在限定的电脑才可以使用财务系统，每次操作均有日志记录。为避免权限过于集中，财务角色所有功能仅具备审核权限，不具备发起与查看权限，如退款功能，只能由客户发起，运维人员确认后，财务才能进行审核操作，而非无差别进行退款处理。

5.3
充电 APP 和小程序

目前充电 APP 和小程序已经得到了广泛的推广应用，该 APP 和小程序可同时接入不同充电桩厂商的充电桩，并兼容不同的通信协议。用户通过 APP、小程序即可对区域内的充电桩信息进行查询，同时还可以定位导航、预约充电和结算，也可以在充电记录功能中查询历史充电消费记录。小蜂充电 APP 如图 5-6 和图 5-7 所示。

图 5-6　APP 首页　　　　　图 5-7　APP 功能页

利用小蜂充电自主开发运营的 APP 和小程序实现了以下几种充电解决方案。

（1）"先充电后付款"充电模式

用户无需烦琐的操作，直接给车插上充电枪，点击"充电"即可，充电完成后付费即可，避免车主因微信或者支付宝余额不足而充电失败，给予车主良好的充电体验。场站主也不用担心用户忘记支付导致的收款问题，微信小程序、公众号、支付宝或 APP 会以通知的方式，提示车主充电完成，点击即可付款。如果车主充电遇到异常问题，可以直接拒绝支付，并通过故障报修，联系客服等方式解决，协商一致后付款。

小程序充电未支付通知如图 5-8 所示。

图 5-8 小程序充电未支付通知

（2）无感支付模式

小蜂充电 APP 的钱包功能常设充值送活动，不仅给予车主优惠，更让车主有舒适的充电体验。在此模式下，车主选择充电模式，点击"充电"即可，无需再进行支付操作，充电完成后我们会以微信小程序、公众号及支付宝或 APP 通知的方式，提示车主充电完成，无需进行支付确认。

（3）有序充电模式

有部分充电场站因所在社区的特殊情况，如老旧小区、学校等无法保证所有充电桩同时放电，需要进行综合配网负荷预测，制订充电计划，有序充电模式就是为此服务的。车主把充电桩枪头插入车辆后，在 APP 或小程序选择有序充电，设置离开时间即可，后台会根据负荷预测和有序算法对每个电桩运行数据进行匹配，在合适的时间启动充电，保证车主充电的需求。

（4）APP 商户运维解决方案

传统运维平台一直都是在 PC 端使用浏览器进行操作和数据观察，对于场站运维人员未携带电脑但需要操作或观察场站的运行情况，APP 内嵌了站主服务功能，使用 Vue3、Vite2、Element-plus 等技术，实现 APP 与 PC 同步管理的方案。如图 5-9～图 5-11 所示为在 APP 中使用运维系统功能。

图 5-9　APP 中使用运维系统的远程升级功能

图 5-10　APP 中使用运维系统的站点管理功能

图 5-11　APP 中使用运维系统的对账功能

5.4
充电运维平台

充电桩场站的运营方一般无法对充电桩硬件进行维护，大部分委托充电桩设备生产厂商。设备生产厂商则希望自己运维的电桩设备远程接入自己的设备运维平台，可以远程升级电桩软件，远程诊断电桩故障。如图 5-12 所示为设备运维示意图。

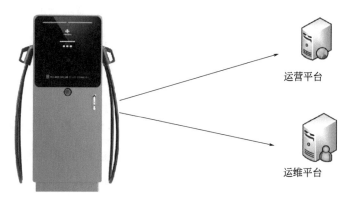

图 5-12　设备运维示意图

运维平台主要有以下几个功能。

① 固件远程升级　电桩升级的必要原因是充电功能无法兼容新型种类车辆，电桩固有缺陷需要修复，电桩需要通过固件增加新的功能。

② 实时数据采集　电桩数据采集包括电桩零部件的健康状况以便及时通知场站运维人员，每次充电的电压和电流信息。

③ 运行日志收集　电桩运行（包括充电）过程的关键事件，在电桩工作异常时，技术人员根据日志信息判断异常原因，从而进行异常修复。

④ 电桩远程控制　运维人员可以远程更改电桩配置，甚至远程重启使电桩，脱离异常状态。

⑤ 运行数据分析　通过数据分析，得出电桩运行故障份额分布

情况、固件版本的更新效果等信息，这些信息显示在专门的看板上或发送到相关技术人员邮箱。

5.5
充电运营总则

小蜂充电定位社区充电，主要涵盖小区、机关和企事业单位、商超综合体、农家乐等众多地点，针对日益增长的私家电动车市场，让人们居家、出行无忧。那么各类场景是否值得投入、车位如何选择、投入多少设备、如何配置设备等一系列问题都值得思考。

（1）是否值得投入

截至 2021 年底，新能源汽车保有量接近 800 万辆，预计到 2025 年，国内新能源汽车保有量将达到 3000 万辆。截至 2021 年底，国内各类充电设备 240 万台，车桩比 3.3∶1 左右。按国家相关规划，车桩比应为 1∶1，充电设施明显滞后，因此充电设备市场需求巨大，尤其是公共充电桩市场。

（2）车位如何选择

① 离配电房近的车位优先，主电缆敷设距离尽量不超过 100m。

② 地面车位优先，次之是地下一层，尽量靠近出入口。

③ 车位尽量联排，或者背靠背车位。

（3）投入多少设备

① 按照场所现有车辆数的 5%～10%；如果是商超综合体等营业超所，按照日均停车数的 5%～10%。

② 按照已有新能源车数量 1∶1。

③ 按照投入金额初期 10 万元/场站。

以上建议针对选定物业后的初期投入，如遇当地政策或者物业有其他数量配建要求则需另行协商确定。当设备运营效率达到 10% 以上可以酌情考虑增加。

（4）如何配置设备

社区充电主流充电设备选择 7kW 交流桩及 20kW 直流桩，一是对配电容量要求低，二是投资回报率最优，三是完全可以满足社区充电的用户需求。

① 社区外围商铺，以 20kW 小直流桩为主；社区内部以 7kW 交流桩为主。

② 商超综合体、酒店等营业场所地面以小直流桩为主，地下停车场以小直流桩 + 交流桩搭配。

③ 机关、企事业单位如不对外停车，可以以交流充电桩为主；对外停车可以小直流桩 + 交流桩搭配。

④ 根据配电容量及数量（覆盖车位），配电容量有限而需要覆盖车位数量多，可以选择交流桩为主，或者使用群控有序充电方案。

本章小结

本章描述的充电站运营及管理方案，不是一个平台、一种技术就能概括的，而是一种具体化的行业解决方案，各个公司应根据自己的运营模式来找到合适的解决方案。其中数据的分析与管理，场站监控及远程的维护，这些功能是一个充电管理平台的基石。根据不同场景与不同的用户，配套差异化充电功能，如即插即充，先充后付等方式。定制一些服务于用户与桩主的功能，如充电自动抵扣停车费、充电送洗车券等，让各个环节都感到满意，是充电运营的最大作用。

电动汽车充电关键技术

第 **6** 章

充电产品智能制造

6.1

智能制造简介

智能制造系统是一种由智能机器和人类专家共同组成的人机一体化智能系统，它在制造过程中能以一种高度柔性与集成度高的方式，借助计算机模拟人类专家的智能活动，进行分析、推理、判断、构思和决策等，从而取代或者延伸制造环境中人的部分脑力劳动。同时，收集、存储、完善、共享、集成和发展人类专家的智能。制造化系统（MES）组成如图 6-1 所示。

(1) 生产计划制定
① 从金蝶抓取订单数据
② 确定订单优先顺序
③ 制定订单生产批次
④ 生产批次下发产线

(2) 生产过程控制
① 工序生产参数记录
② 生产进程进度的详细管控
③ 成品信息追溯(生成批次二维码，关联生产过程参数及质检记录)

(3) 生产过程质量控制
① 工序质量管控标准管理与维护
② 质量检测的在线操作完成
③ 检验过程数据及结果记录
④ 品质数据分析与报表呈现

(6) 生产物料管理
① 物料基础信息维护
② 生产物料领用管理
③ 成品入库管理
④ 库存信息展示

(5) 设备管理
① 设备信息录入与维护
② 设备状态监控
③ 设备维护保养记录
④ 保养提醒、故障预测

(4) 工艺配方管理
① 配方的新增、维护、修改和查询
② 配方分类管理
③ 配方原材料替代关系处理
④ 配方启用、停用、锁定状态管理与提醒
⑤ 配方原材料的查询与反查

图 6-1 制造化系统（MES）组成

6.2

智能制造功能要求

通过智能制造系统可以实现对工厂、车间、产线、工序、物料、工艺路线、设备、人员等信息数据的基本录入，并可进行新增、删除、修改、查询等操作；可通过建立基本信息的物理模型实现企业基础物理架构的创建，实现各项物理资源和业务对象间的逻辑关系。智能制造系统包括基础信息管理、线边仓管理、工艺管理、生产管理、质量管理等功能。

6.2.1 基础信息管理

基础信息管理功能可实现生产订单管理，要求系统本身可创建新的工单信息，同时具备与 ERP 系统对接，实现生产订单下达的功能，并可同步至 MES 订单管理模块。它由工厂建模模块、物料建模模块、工单管理模块、工序管理模块、物料基础信息管理模块和 BOM 管理模块组成。

（1）工厂建模模块

要求建立 MES 完整工厂模型，实际的工厂与系统工厂模型一一对应，规范数据标准化，应包括工厂、车间、线体、工序、工位等数据录入功能，支持数据关联性操作，支持工厂模型的导入、导出、锁定等功能。

（2）物料建模模块

物料包括产品、半成品、原材料、辅助材料等；可设定人员和组成关系，配置工作内容及权限。

（3）工单管理模块

工单管理模块包含工单创建、工单拆分、工单合并。

① 工单创建　对生产车间里的所有工单进行管理，可对工单进行新增、删除、修改、下达、绑定、创建新的排程，并实现工单与物料的绑定，如工厂要生产某种产品，则要创建一个工单号，对工单类型、工单状态、排程类型、计划数量、开始时间和结束时间等相关参数进行设置。

② 工单拆分　系统生成出来的工单和生产执行系统同步过来的

工单可下发到产线，可对工单拆分并分配到相对应的产线，也可对工单拆分进行新增、删除、修改等操作。

③ 工单合并　要求工单拆分之后，必须有工单合并功能，可对同时生产产品的工单进行合并；对不同产品的工单可提示产品不同、不能合并工单等信息。

（4）工序管理模块

工序管理模块要求对生产车间里的所有产品的工序进行管理，支持工序的新增、修改、删除和查询功能，对工序所关联的工位信息、过程模板、属性参数值和条码等相关数据进行管理。

（5）物料基础信息管理模块

物料基础信息管理模块要求实现对原材料、半成品、成品等物料信息的管理（如新增、删除、修改、查询等），并实现导入、导出功能，可对生成出来的成品物料编号进行维护。

（6）BOM 管理模块

BOM 管理模块实现对标准产品、半成品的 BOM 进行设定，可支持同一物料在同一工艺路线的不同工序中进行消耗、支持替代物料设定、在制工单 BOM 调整等功能。

6.2.2　线边仓管理

线边仓管理包括物料库位管理、物料链管理、物料信息展示、物料上料防错、辅料管理以及物料替代管理。

（1）物料库位管理

对库位的物料地理位置、编号、库存数量以及存放物料的相关信息进行管理，并可进行新增、删除、修改等操作。

（2）物料链管理

实现按工单精准叫料、缺料预警、欠料防错、收料、上料、退料等功能。在线边仓设置安全库存，当即时库存低于安全库存时，通过物料欠料预警，利用 PDA 进行叫料，欠料配送计划通过看板进行展示，仓库收到物料欠料预警时，按工单需求数和配送量进行配送。

（3）物料信息展示

通过车间、产线看板，能实时显示工单物料信息状态，显示此工单的基本信息、人员信息、物料数量、某线边仓的物料剩余数量等信息。

（4）物料上料防错

实现上料时，物料的防错功能（如此物料在某工位要上的物料，在其它工位上就不能上）要出现提示信息，做到根据上料表对物料和料槽进行防错防呆校验。

（5）辅料管理

实现车间中使用的辅料进出库管理、寿命管理、使用量查询、历史数据查询管理，如对焊料、清洗剂、喷涂液等的管理。

（6）物料替代管理

实现支持替代料管理功能，如相同物料、不同型号的物料，可以上到同一工位上，但不同物料、不同型号则要做物料的管控。

6.2.3 工艺管理

建立产品的工艺路线，其工艺路线可以参照生产产品的工艺路线形成可配置化，同时建立工艺路线、工序、工站管理界面，对工艺路线、工序、工站信息设置新增、修改、删除、导入、导出等相关功能。工艺管理包括 BOM 与工艺维护、工艺审核、工艺执行管理等模块。

① BOM 与工艺维护 包括产品 BOM、工艺参数等建立及维护。

② 工艺审核 包括工艺文件的审核、批准、变更等。

③ 工艺执行管理 在实际生产中对工艺文件的执行情况进行监督并形成报告。

6.2.4　生产管理

生产管理即对生产车间的流程进行管理，包括生产计划管理、生产计划调度、排产与工单下发、生产进度管理、工单及报工管理、工序防错防呆管理、工艺文档管理、人员资质管理、工艺参数采集管理、异常监控、不良品管理、条码管理、装配管理、数采过站管理等。

（1）生产计划管理

① 合同计划管理　通过从 ERP 中获取合同，手动在系统中根据合同对生产计划进行编制审核。

② 库存计划管理　能够根据材料库存等信息编制审核生产计划。

（2）生产计划调度

能够实现计划的整合、拆分、调整、资源分配等业务管理。

（3）排产与工单下发

对生产计划进行排产，生成工单，并对工单审核下发。

（4）生产进度管理

实现对生产批次及各个工序工单的生产状态、完成时间、完成数量等实时查看，能够以甘特图形式展现计划进度。

（5）工单及报工管理

① 含报工、审核、工时计算等。

② 工单投产后首检管控。

（6）工序防错防呆管理

实现对工序物料的防错防呆管理。A 工位上如用 B 工位上的物料进行上料，则会出现物料上错的提示，不能在 A 工位上进行上料，并可显示工位上的结存数量，防止物料呆滞。

（7）工艺文档管理（数据与 PLM 集成）

对工艺文档进行关联管理，可显示工位的人员信息、在制工单信息、工单数量等，可体现当前工序要操作的流程步数、工艺标准等信息。

（8）人员资质管理

提供岗位操作权限管理和上岗资质验证（培训、考试、资质、资质有效期不在管辖范围内）功能，可通过接口查询考试系统的培训和上岗资质信息。

（9）工艺参数采集管理

通过自动化设备集成或扫描录入的方式获取工艺参数。可记录产线半成品或者成品的条码信息，并实现产品条码信息与物料信息、人员信息、测试结果的绑定。

（10）异常监控

实现物料低位预警监控、设备异常监控（必须满足设备状态采集）、工单异常监控、品质不良监控等功能。

（11）不良品管理

实现对不良产品的管理功能，如产品出现不良品时，可录入此产品的不良原因，显示工序出现不良信息，送入返修间，并在返修间判断此产品是否报废，进行修理、重审等操作。

（12）条码管理

支持供应商来料、零部件、材料、半成品、成品标签打印功能，打印出来的条码为二维码，其中应包含物料代码、名称、供应商、批次、数量等信息；支持检查条码的功能，判断此条码是否属于该物料类型的标签条码；支持条码规则定义，不同的物料类型可以通过定义不同的规则来进行区分。

（13）装配管理

支持产品的预装和组装管理功能；支持对产品工序组装的时间、产品的正反追溯及过站记录进行查询；支持产品的拆装管理功能，如产品在生产过程中出现问题时需要把此产品进行拆装，把原来的物料送到相关的库位中去，并判断是将此产品重新上线，还是进行报废等操作。

（14）数采过站管理

支持在产品过站时采集设备生产的数据，支持将数据导入到MES系统中进行报表展示，并在过站时判断产品设备采集的数据是否过下一站，如不能过下一站，则提示此产品在设备加工时有问题，并对此产品进行过站管控。

6.2.5 质量管理

在MES中创建品质检测记录模板，在MES中打开此模板，录入检测数据，同时要实现品质、首检、巡检、IPQC、FQC、OQC等相关的检测，并在MES中预先设定不良的处理流程（责任部门、层级、标准处理时长），当出现不良后，可按预定流程逐级处理。质量管理包括质量建模、质检计划管理、质检计划调度、质检工单建立、检测报工管理、质量改善及异常处理管控、质量分析、来料质量管理、品质首检、品质过程检测、品质最终检测、品质抽检、品质功能、品质模板生成等功能。

（1）质量建模

建立品质管理运行所需要的基础参数，包括检验方法、检验类型、检验规则、检验项目、异常、样品、检验授权、判定授权等。

（2）质检计划管理

质检计划管理（包含原材料、成品的首检、巡检、复检等）计划的编制、审核、下发等。其中IQC部分在系统中生成检验任务，计划编制下发，并将结果手动录入至第三方LIMS系统。

（3）质检计划调度

能够实现计划的整合、拆分、调整、资源分配等业务管理。

（4）质检工单建立

质检计划进行排列，生成工单流转。

（5）检测报工管理

包括检测报工、审核、工时计算等。

（6）质量改善及异常处理管控

① 包括材料、设备、工艺等异常事件记录、报告与处理。

② 对质量改善及异常处理进行跟踪，记录产生原因、解决方法、改善措施等内容，并形成品质知识库。

（7）质量分析

可按产品、设备、工艺等条件设定质量分析规则，通过统计过程控制图表对规则进行分析生成各类数据图表。

（8）来料质量管理

对物料来料扫码可知来料的检验方法及检验标准，并按供应商统计的来料合格率、不良品处理时间、来料不良的原因分析、来料不良处理任务进行闭环管理。

（9）品质首检

要求实现在生产第一个产品时进行相关检测，如果在过某个工序或设备时出现质量问题，应检测此产品在过工序时参数是否出现问题，是否可以做出相应的调整，然后再进行生产。

（10）品质过程检测

要求实现产品的品质巡检功能，工作人员在车间观察产品的生产品质状况，通过巡检模板录入不良的产品数据信息，并判断此产品的不良原因、是否要去返修间进行维修，对检测结果进行判定。

（11）品质最终检测

要求在 MES 中设置终检规则参数，实现当产品生产完成之后进行检测，若不符合最终检测结果，记录其测试结果原因，并且进入返修流程，合格后可进入下一个工序。

（12）品质抽检

要求实现产品在某工序时进行抽样检测。在大 MES 系统中可以就抽中的产品进行检测，如发现有问题，记录质量问题，然后送入返修间进行返修。

（13）品质功能

要求实现品质功能有对单体料、批次部件的拆装、更换、扣料等功能，如品质检测出现问题时，需要对此产品进行拆分，送到某指定线边仓，并把有问题的物料进行替换，或对此产品进行报废、重审，同时对产品是否要重新上线再次生成进行进一步的判定。

（14）品质模板生成

要求实现品质模板的自动生成，通过定时任务自动生成品质检测模板如首检模板、最终模板、过程检测模板，并对定时任务进行管理，如要求什么时间段生成相关模板，提示员工做实时的品质检测。

6.3

统一软件工作平台

智能制造要求同一业务角色在使用其可能用到的所有模块时，要保证单一登录；用户工作界面具有一致性以及灵活的配置能力；工作平台软件与技术需求如表 6-1。

表 6-1　工作平台软件与技术需求

需求编号	需求（考虑以下方面的需求，但不仅限于此）	必需 / 期望
URS001	支持 MySQL、SQL Server 等多种主流数据库	必需
URS002	平台应用层采用 C#、.NET、Java 等主流开发语言	必需
URS003	软件需要满足不同层级公司制造执行管理的需求，并能按不同子公司分别设置配色方案与界面风格	必需
URS004	软件需支持多语言，至少有中英文两个版本	必需
URS005	PC 端、iPad 端、手机安卓端和 iOS 端皆可访问系统，系统 PC 端与移动端均能与 ERP、计料系统等多个系统对接	必需
URS006	软件不限用户数，需要提供二次开发平台，支持个性化定制	必需

需求编号	需求（考虑以下方面的需求，但不仅限于此）	必需 / 期望
URS007	系统业务规则独立，平台须具有灵活的后台配置功能，例如：工艺路线配置、排产规则配置，能够满足全集团的制造执行管理业务，在各个模块功能开展时，只需要配置与相关车间的业务规则，不需要太多二次开发量。各类报表可支持自定义搭建	必需
URS008	在设备具体接口的情形下，支持多种数据采集方式，并能收集各种类型机器设备的生产数据	必需
URS009	系统可以满足总部和分厂数据库、服务器采用分布式部署的要求，支持集团多工厂分布式管理要求	必需
URS010	系统提供数据归档功能，提供冷热数据分离的操作，不能影响统计的时效性或者带来额外操作	必需
URS011	系统具备容灾能力，系统宕机不得影响生产；系统故障恢复，生产数据可恢复上传	必需

6.4

建立目视化管理

智能制造应建立目视化管理，此功能依靠监控大屏、车间大屏、线体看板、工位看板来实现。

（1）监控大屏

① 可自定义显示基本要求的功能模块，可以通过中央监控室查看现场的订单生产信息、物流运送信息、设备运转信息、视频监控信息等内容。

② 厂区布置、产线及单个机台采用 3D 静态显示，图中设置浮动按钮，可直接点击进入相应产线及单台设备界面。

③ 3D 建模图像为矢量图，分辨率不小于 1920×1080，画面需自适应大屏。

（2）车间大屏

模具车间、五金车间、注塑车间、装配车间各有两个车间级电子看板（分辨率不小 1920×1080），电子看板显示当前车间生产信息、人员信息、品质信息、设备信息、异常信息。

（3）线体看板

流水线线体两端各有一个线体级电子看板（分辨率不小于1920×1080），电子看板显示当前产线生产信息、人员信息、品质信息、设备信息、异常信息。

（4）工位看板

① 每个工位有一个工位级电子看板（分辨率不小于 1920×1080）。

② 电子看板可显示当前工位工艺文件：图片、Excel、PDF、Worb 等格式电子文档，也可播放 AVO、MP4、3PG、RMVB 等视频文件。

本章小结

本章重点介绍了充电产品智能制造，就是面向充电产品全生命周期，实现泛在感知条件下的信息化制造。智能制造技术是在现代传感技术、网络技术、自动化技术、拟人化智能技术等先进技术的基础上，通过智能化的感知、人机交互、决策和执行技术，实现设计过程、制造过程和制造装备智能化，是信息技术、智能技术与装备制造技术的深度融合与集成。MES 系统作为车间信息管理技术的载体，在实现生产过程的自动化、智能化、网络化等方面发挥着巨大作用。MES 处于企业级的资源计划系统 ERP 和工厂底层的控制系统 SFC 之间，是提高企业制造能力和生产管理能力的重要手段，有助于实现未来充电桩以及周边生态产品的智能制造。

第 **7** 章

测试与认证

7.1

测试标准

GB/T 18487.1—2015　电动汽车传导充电系统　第 1 部分：通用要求

GB/T 20234.1—2015　电动汽车传导充电用连接装置　第 1 部分：通用要求

GB/T 20234.2—2015　电动汽车传导充电用连接装置　第 2 部分：交流充电接口

GB/T 20234.3—2015　电动汽车传导充电用连接装置　第 3 部分：直流充电接口

GB/T 34657.1—2017　电动汽车传导充电互操作性测试规范　第 1 部分：供电设备

GB/T 34658—2017　电动汽车非车载传导式充电机与电池管理系统之间的通信协议一致性测试

GB/T 2423.1—2008　电工电子产品环境试验　第 2 部分：试验方法试验 A：低温

GB/T 2423.2—2008　电工电子产品环境试验　第 2 部分：试验方法试验 B：高温

GB/T 2423.3—2016　环境试验　第 2 部分：试验方法　试验 Cab：恒定湿热试验

GB/T 7251.1—2005　低压成套开关设备　第 1 部分型式试验和部分型式试验成套设备

GB/T 2423.4—2008　电工电子产品环境试验　第 2 部分：试验方法试验 Db 交变湿热（12h + 12h 循环）

GB/T 2423.17—2008　电工电子产品环境试验　第 2 部分：试验方法试验 Ka：盐雾

GB/T 2423.22—2012　环境试验　第2部分：试验方法　试验N：温度变化

GB/T 4208—2017　外壳防护等级（IP代码）

GB/T 17626.2—2018　电磁兼容　试验和测量技术　静电放电抗扰度试验

GB/T 17626.4—2018　电磁兼容　试验和测量技术　电快速瞬变脉冲群抗扰度试验

GB/T 17626.5—2019　电磁兼容　试验和测量技术　浪涌（冲击）抗扰度试验

GB/T 17626.8—2006　电磁兼容　试验和测量技术　工频磁场抗扰度试验

GB/T 17626.11—2008　电磁兼容　试验和测量技术　电压暂降、短时中断和电压变化的抗扰度试验

NB/T 33001—2018　电动汽车非车载传导式充电机技术条件

NB/T 33008.1—2018　电动汽车充电设备检验试验规范　第1部分：非车载充电机

NB/T 33008.2—2018　电动汽车充电设备检验试验规范　第2部分：交流充电桩

IEC 61851-1：2017　电动车辆传导充电系统　第1部分：一般要求

IEC 61851-23：2014　电动车辆传导充电系统　第23部分：直流电动车辆充电站

IEC 61851-24：2014　车辆传导充电系统　第24部分：直流电动汽车充电机和电动汽车之间用于直流充电控制的数字通信

IEC 61851-1　充电系统总体要求

IEC 61851-21-1　充电系统　车载充电机EMC要求

IEC 62196-1　插头插座基本要求

IEC 62196-2　交流尺寸和互换性要求

IEC 62196-3　直流尺寸和互换性要求

IEC 61851-21-2　充电系统　非车载充电系统 EMC 要求

IEC 61851-21-2：2018　标准测试难点介绍

IEC 61851-22　交流电动汽车充电站

IEC 61851-23　直流电动汽车充电站

IEC 61851-24　直流充电桩通信要求

7.2

测试流程搭建

7.2.1　测试要求

目前的充电设施包括整机充电桩、分箱式直流充电桩和交流充电桩，按标准 NB/T 33008.1—2013《电动汽车充电设备检验试验规程第 1 部分：非车载充电机》、NB/T 33008.2—2013《电动汽车充电设备检验试验规程　第 2 部分：交流充电桩》直流充电桩共有 48 项试验，交流充电桩共有 29 项试验，范围涉及外观检查、功能试验、安全保护与电磁兼容等。根据运行要求结合实际使用，为保证充电设备安全稳定运行，需要对充电设施定期进行以下检测。

对直流充电桩进行的试验有：输出电压误差试验、稳压精度试验、输出电流误差试验、稳流精度试验、效率和功率因数试验、纹波系数与谐波电流试验、均流不平衡度试验、限压特性试验、限流特性试验、输入过压保护试验、输入欠压告警试验、输出过压保护试验、输出过流保护试验、输出短路保护试验、反接保护试验、通信功能试验、急停保护与软启动试验、BMS（汽车电池管理系统）接口性能试验、电池容量试验。

对交流充电桩进行的检测项目有：桩体检查、一般连接检查、显示功能试验、输入功能试验、通信功能试验、计量数据一致性试验、链接异常试验、急停功能试验、过流保护试验。

7.2.2 交流充电桩测试流程

电动汽车使用交流充电时，交流充电桩的主要功能是完成交流电能的输出控制，简单来说交流充电桩在交流充电过程中只是起到接通和关断交流电的作用。电动汽车与交流充电桩的信号交互是通过交流充电控制导引电路实现的，充电连接方式 C 的交流充电控制导引电路，如图 7-1 所示。充电连接方式 C 是指充电电缆与车辆插头永久连接在交流充电桩上。在充电信号交互时，车辆控制装置通过检测CC 端与 PE 端之间的电阻值变化，判断车辆接口是否完全连接，通过判断 RC 电阻值确认充电连接电缆的电流承载能力。通过 CP 端的PWM 信号的占空比确定交流充电桩的最大供电能力。当车辆和交流充电桩完全连接后，交流充电的功率回路导通。当车载充电机设定最大允许输入电流后，车载充电机启动。

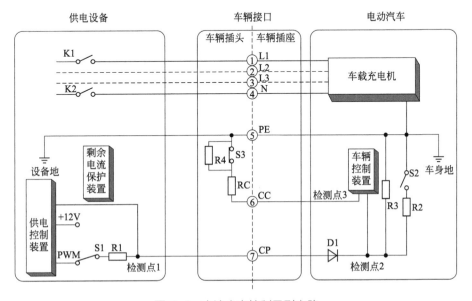

图 7-1 交流充电控制导引电路

测试流程分为正常状态测试和异常状态测试。其中正常状态测试按照阶段分为连接、自检、准备、充电、结束和其他状态。异常状态主要是对充电阶段进行测试。充电过程中对充电桩的输入电压/电流信号、输出电压/电流信号、控制引导电路信号进行记录，并将重要信号在用户界面显示。充电桩实际输出电压曲线，充电桩实际输出电流曲线，如图 7-2 所示。充电桩 PWM（脉宽调制波）波形，如图 7-3 所示。

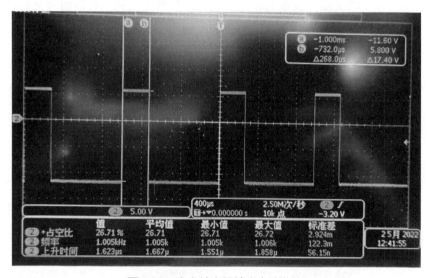

图 7-2　充电桩实际输出电流曲线

测试内容涵盖了充电桩的输入、输出、安全、保护等标准规定的测试，按照测试方法设计测试项。多个测试项的测试序列，每次测试前可修改测试项的参数配置如下。

① 输入测试　输入电压/输出频率测试、功率因数和效率测试、启动冲击电流测试、低压供电范围测试、唤醒信号测试。

② 输出测试　输出电压/电流精度测试、输出电压范围测试、输出响应测试、电压纹波系数测试。

③ 安全测试　输入输出保护特性测试。

④ 保护测试　输入/输出电压保护测试、过温保护测试、短路

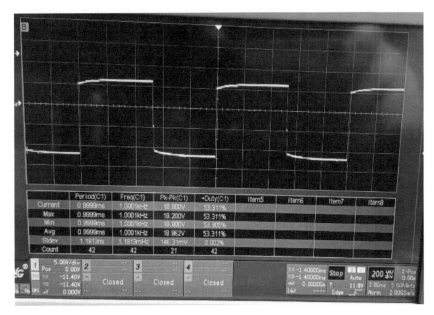

图 7-3　充电桩 PWM 波形

保护、急停保护测试。其中急停保护测试波形（图 7-4）充电桩应在 100ms 内切断交流供电回路。

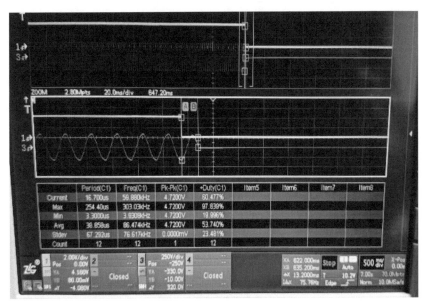

图 7-4　急停保护测试波形

交流充电桩电气系统图如图 7-5 所示。

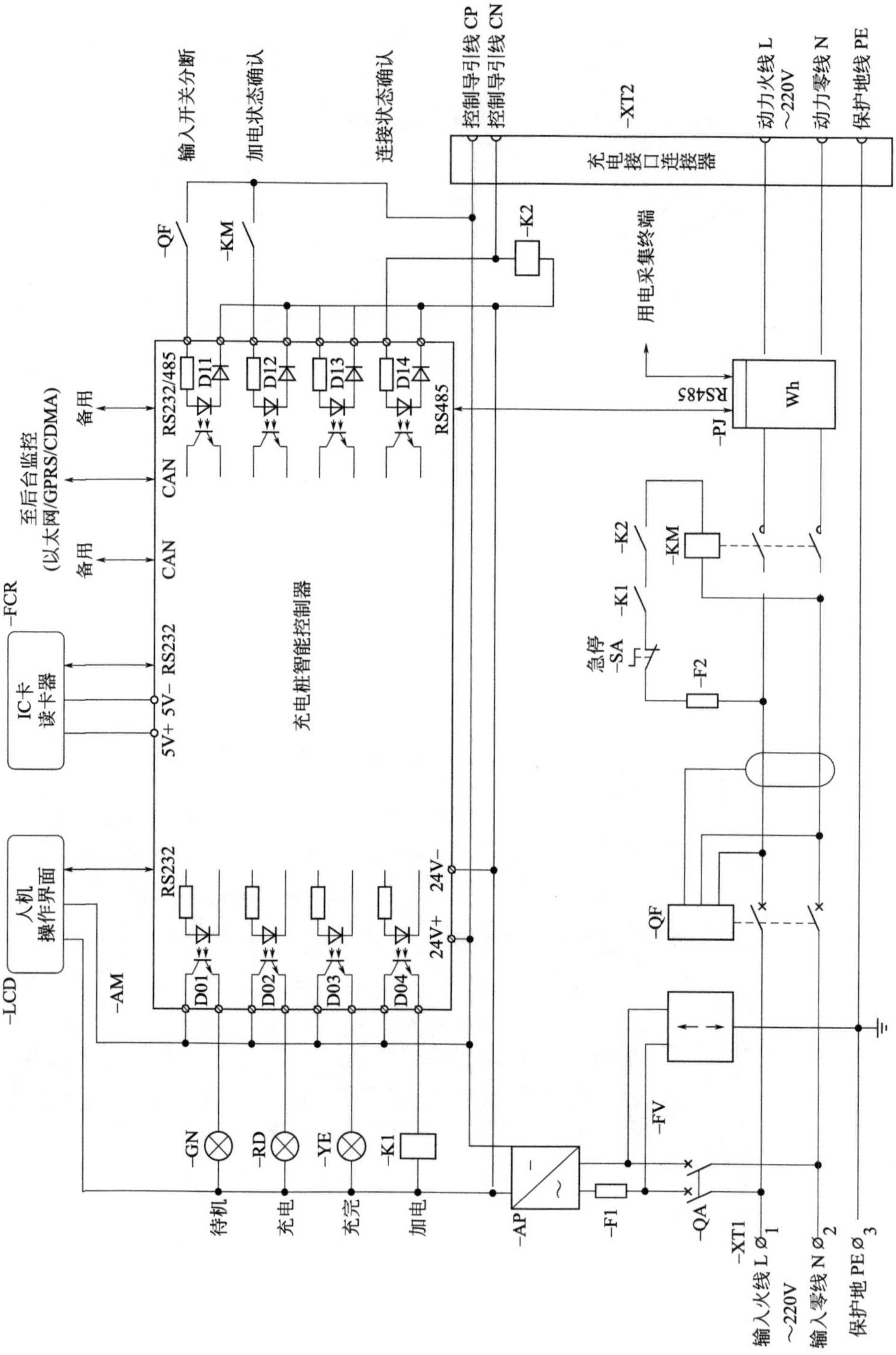

图 7-5 交流充电桩电气系统图

7.2.3　直流充电桩测试流程

直流充电桩性能需符合 GB/T 18487.1—2015 标准要求，该标准依据充电模式使用条件，分类为充电模式 1、充电模式 2、充电模式 3 和充电模式 4。标准规定不使用模式 1 对电动汽车进行充电，市面上的交流充电桩常采用充电模式 3，模式 3 应具备剩余电流以保护功能，同时电动汽车上需安装专用保护装置，并确保控制每个连接点的控制导引功能可独立运行。直流充电桩常采用充电模式 4，通过电缆与电网连接为其供电，每个连接点均需具备独立的控制导引功能。直流充电桩的安全性能要求考核接触电流、绝缘电阻、介电强度及冲击耐压。对于接地的 I 类供电设备，任一相线与可触及的金属部件间泄漏电流不得超过 3mA，对于不接地的 II 类供电设备（供电设备与导电部件具备加强绝缘或双重绝缘），该电流值不得大于 0.25mA，任一相线与通常为非活性的金属不可触及部件间（该绝缘为双重绝缘），最大电流值可允许不超过 3.5mA。需特别注意，该电流值允许的前提条件是非活性金属不可触及，且与导电部件间的绝缘为双重绝缘。绝缘电阻、介电强度及冲击耐压考核非电气连接的各带电回路与地间的绝缘性能，绝缘电阻应不小于 10MΩ，绝缘电阻的试验电压、介电强度试验电压及冲击耐压试验电压的要求如表 7-1 所示。

表 7-1　绝缘电阻、介电强度及冲击耐压试验电压

绝缘电压 U/V	绝缘电阻试验电压 /V	介电强度试验电压 /V	冲击耐压试验电压 /kV
$U \leqslant 60$	250	1000	±1
$60 < U \leqslant 300$	500	2000	±2.5
$300 < U \leqslant 700$	1000	2400	±6
$700 < U \leqslant 950$	1000	$2U+1000$	±6

对于直流充电桩的接口结构要求有：供电插头、供电插座、车辆插头和车辆插座应有配属的防护装置，以确保插头和插座未插合时也具有定的防护等级。供电插头、供电插座、车辆插头和车辆插座应包括接地端子和触头，且在连接和断开过程中，接地触头应最先接通和最后断开。充电桩的输出枪座和车辆的插座外壳应能将供电端子及其电缆的端部完全封闭，两者之间仅能按唯一的相对位置进行插合，避免不同功能的接线端子错误连接的情况，导致安全隐患。充电桩的输出枪座和车辆插座的电缆入口处应利于电缆保护层进入，并能给电缆提供完具的机械保护。对于充电桩的锁止装置要求有：充电桩在锁止状态下（枪头与插座相互耦合），对两者施加 200N 的拔出力时，枪头与插座不应断开连接，且锁止装置不得损坏。对于直流充电桩，锁止装置应为专用的方式才能断开连接，例如机械或电子锁。基于安全及符合标准的考虑，市面上的直流充电桩均配备电子锁。直流充电桩测试点要求如表 7-2 所示。

表 7-2　直流充电桩测试点

试验项目	输入电压	输出电压	输出电流	试验点数
输出电压误差	U_{in}	U_{min},U_{men},U_{max}	$50\%I_n$	3
输出电流误差	U_{in}	U_{men}	$20\%I_n$，$50\%I_n$，$100\%I_n$	3
稳压精度	$95\%U_{in},U_{in}$	U_{min},U_{men},U_{max}	$0\%I_n$，$50\%I_n$，$100\%I_n$	27
稳流精度	$85\%U_{in},U_{in},115\%U_{in}$	U_{min},U_{men},U_{max}	$20\%I_n$，$50\%I_n$，$100\%I_n$	27
效率	U_{in}	U_{min} 或 $50\%U_{max},U_{max}$	$20\%I_n$，$50\%I_n$，$100\%I_n$	5
功率因数	U_{in}	U_{min} 或 $50\%U_{max},U_{max}$	$20\%I_n$，$50\%I_n$，$100\%I_n$	5
纹波系数	$85\%U_{in},U_{in},115\%U_{in}$	U_{min},U_{men},U_{max}	$0\%I_n$，$50\%I_n$，$100\%I_n$	27
均流不平衡	U_{in}	U_{min},U_{men},U_{max}	$50\%I_n$，$100\%I_n$	6

注：1. U_{in} 为额定输入电压值，U_{max} 为允许输出电压上限值，U_{men} 为允许输出电压中值，U_{min} 为允许输出电压下限值，I_n 为额定输出电流值。

2. 效率和功率因数试验的输出电压应选择 U_{min} 和 $50\%U_{max}$ 中的最大值，并且不在输出电压为 U_{min}（或 $50\%U_{max}$）、输出电流为 $50\%I_n$ 时的试验点进行试验。

根据测试流程，直流充电桩测试需要车辆控制器模拟盒，模拟盒测试装置包括充电桩输出插座、直流电源正极接线柱、直流电源负极接线柱、控制通信总线接口、可变电阻、回路电阻、辅助电源正极、辅助电源负极、若干个检测单元及若干个隔离开关，检测单元包括检测开关及在检测开关两端分别设置的标准采集接口。上述各元器件基于检测单元及隔离开关彼此相互连接，配合工作。GB/T 34657—2017 第 5 章节的相关测试要求，车辆控制器模拟盒装置带有 250A 标准充电枪插座，对充电接口各触点进行仿真模拟，满足 DC+、DC−、PE、S+、S−、CC1、CC2、A+、A− 各触点及开关 S 通断的仿真模拟要求，实现各路故障状态仿真。每路开关的数据采集，在每路开关两侧有 4mm 标准采集接口，方便示波器等仪器采集信息。车辆控制器模拟盒带有 R1 电阻、R2 电阻、R3 电阻仿真模块，可通过闭合不同开关实现 3 个电阻阻值的变化，模拟等效电阻值可实现标称值 1000Ω、最大值 1030Ω、最小值 970Ω 及上限值 2000Ω、下限值 500Ω 共计 5 个挡。车辆控制器模拟盒带有检测点 1 处上拉电压 U1 仿真模拟功能，可模拟检测 1 处上拉电压 U1电压值；设备配备低压辅助电源接入接口，实现充电桩低压辅助电源的接入功能，仿真直流充电桩 A+、A− 各低压辅助电源功能；可实现充电接口 DC+ 对 PE、DC −对 PE 绝缘故障状态仿真模拟；实现充电接口 S+、S−、CC1、CC2、A+、A− 各路对地故障状态仿真模拟；可模拟 K1、K2、K3、K4J 及开关 S 吸合状态，并带有 K1、K2、K3、K4、开关 S 信号采集接口，实现各接口通断状态的采集；设备内置高精度电流传感器，借助其他设备实现充电电流采集。

正常充电状态测试将各连接接地的隔离开关（开关 S1 ～ S6、S8 和 S9）均断开，其他检测开关（普通开关和保护开关）及 S7 开关均闭合，可变电阻设置为 970 ～ 1030Ω，进一步旋动或调动或滑动可变电阻在 970 ～ 1030Ω 范围内，从各检测单元中连接充电桩输出插座各触头的标准采集接口或从各检测单元中另一标准采集接口引出数据采集线并输出采集数据。此时，上述输出的采集数据可直接表明此时为直流充电桩的正常充电状态，且无报警信息，否则将相应故障报警，并亮起故障灯。PE 接地故障测试将各检测单元中的各检测开关均闭合，各连接接地的隔离开关均依次闭合或断开，从各检测单元中连接充电桩输出插座各触头的标准采集接口或从各检测单元中另一标准采集接口引出数据采集线并输出采集数据。此时，上述输出的采集数据应能直接或间接给出其他 8 个触头，即直流电源正极（DC+）触头、直流电源负极（DC−）触头、充电通信高电平 CANH（S+）触头、充电通信低电平 CANL（S−）触头、充电连接确认（CC1）触头、另一充电连接确认（CC2）触头、辅助电源正极（A+）触头和辅助电源负极（A−）触头，相对于保护接地（PE）触头，即"接地"的仿真测试。

非正常状态测试，充电开始前开关断开。将各检测单元中的各检测开关均断开，从各检测单元中连接充电桩输出插座各触头的标准采集接口引出数据采集线并输出采集数据。此时，上述输出的采集数据应能直接或间接表明此时电动汽车为非充电状态，否则将发送相应故障报警。保持各连接接地的隔离开关均断开，断开其他任意一个检测开关且保持其他检测开关和开关 S7 均闭合，或断开 S7 且保持其他检测开关均闭合，从各检测单元中连接充电桩输出插座各触头的标准采集接口或从各检测单元中另一标准采集接口引出数据采集线并输出采集数据。此时，上述输出的采集数据应能直接或间接给出 9 个触头，即直流电源正极（DC+）触头、直流电源负极（DC−）触头、保护接地（PE）触头、充电通信高电平 CANH（S+）触头、充电通信低电平 CANL（S−）触头、充电连接确认（CC1）触头、另一充电连接确认（CC2）触头、辅助电源正极（A+）触头和辅助电源负极（A−）触头相应的仿真测试。

7.3

测试设备

7.3.1 交流充电桩测试设备

交流充电桩测试设备主要包括标准的交流充电插座、单相/三相电压采集、电流采集模块、可编程交流负载、开关 S1/S2/S3/S4CP 回路接地电阻、R2/R3 模拟电路、车辆控制模拟电路模块、示波器、工控机等。为保证更高的兼容性，充电插座额定电流选择 63A。在执行测试时，交流充电枪直接连接交流充电插座，在 L1、L2、L3、N 电路中，在回路之间采集交流电压，在 L1、L2、L3 单独的电路中，采用霍尔电流传感器采集充电桩输出电流。S1 ~ S4 开关均由继电器控制，在正常情况下，S1、S4 为常闭开关，S2、S3 为常开开关。在充电测试过程中，将可编程交流负载设置为定电流模式。以下对各个部件的主要功能进行详细介绍。

① PE 回路开关 S1，用于模拟 PE 中断故障，测试交流充电桩的充电过程控制。

② CC 回路用于测量充电枪内 RC 电阻值，确定充电电缆的最大承载电流能力。

③ CP 回路中 S4 开关用于模拟 CP 中断故障。

④ CP 与 PE 之间 120Ω 接地电阻由 S3 开关控制，用于实现 CP 接地故障模拟。

⑤ R2、R3 模拟电路用于 C 回路电压限值测试。R2、R3 阻值可在 500 ~ 2000Ω 范围内连续调整。

⑥ 车辆控制模拟电路模块根据充电桩输出的 PWM 信号占空比、CC 回路 RC 电阻值，确定可编程交流负载的输入电流。

⑦ 工控机用于实现整个测试过程的测试流程控制，数据分析，测试评价等功能。

⑧ 示波器用于测量整个充电过程中的单相／三相交流电压值、电流值，同时测量检测电压值、PWM 信号的占空比、频率、上升和下降时间。

7.3.2　直流充电桩测试设备

直流充电桩测试设备主要由可编程电源、直流负载、车辆接口电路模拟器、功率分析仪、录波仪、示波器、绝缘耐压测试仪、冲击耐压测试仪等构成、绝缘状态模拟器及 CAN 总线分析构成。可编程电源用于模拟电网扰动工况，测试直流充电桩在不同电压工况（波动范围 85%～115%）的工作状态；车辆接口模拟器用于模拟车辆动力电池的不同荷电状态，用于与被测充电桩的通信；直流负载与车辆接口模拟器联合工作，用于吸收被测充电桩的输出能量，模拟充电桩实际应用中不同的输出工况；因为考虑测量被测充电桩的输出纹波，该设计中直流负载选用线性负载；功率分仪表、录波仪及示波器用于精确测量充电机的输出电压、电流、效率、纹波等电参数；系统控制器用于协调可编程电源、直流负载、功率分析表、录波仪、示波器的工作时序，并通过 CAN 通信接口，实时采集各仪表的测试参数，进行分析计算并生成测试报告。测量直流充电桩的互操作性，可编程电源通过采集柜为被测直流充电桩供电，被测充电桩输出与车辆接口模拟器连接，车辆接口模拟器与直流负载连接，较好地实现车辆动力电源的模拟，实现协议一致性及互操性的测试。若测量直流充电桩的安规性能，通过绝缘耐压测试仪及冲击耐压测试仪可检测被测充电桩各部分电路的绝缘性能，该功能的实现需要手动将仪器的夹具连接到测试部位，各测试部分逐一考核，

电动汽车充电关键技术

BMS 模拟器 BMS 模拟器能够模拟车载 BMS 的通信功能，以通过充电接口控制充电桩按照要求调整电压、电流。BMS 模拟器能够模拟 CAN 通信、充电连接确认（CC1 及 CC2）等信号。基本参数包含电池类型、电池系统额定容量、电池额度总电压等参数。电池模拟器控制是由用户自行编辑模拟电池的电压 - 电量、电压 -SOC（荷电状态）、电压 - 时间等特性曲线，且根据工作过程中的电压电流，自动计算已充电量，并控制电池模拟器按照曲线进行自动调压，BMS 模拟器按照曲线控制被试件输出特性。

7.4
充电桩认证分类

7.4.1 CQC

CQC 是代表中国加入国际电工委员会电工产品合格测试与认证组织（IECEE）多边互认（CB）体系的国家认证机构（NCB），是加入国际认证联盟（IQNet）和国际有机农业运动联盟（IFOAM）的国家认证机构，CQC 与国外诸多知名认证机构间的国际互认业务，以及广泛的国际交流，使 CQC 赢得了良好的国际形象。充电桩测试标准有：CQC 1103—2015、CQC 1104—2015、CQC 1105—2015 等。

7.4.2 美国 UL

美国 UL 主要从事产品的安全认证和经营安全证明业务，其最终目的是为市场得到具有相当安全水准的商品，为人身健康和财产安全得到保证作出贡献。就产品安全认证作为消除国际贸易技术壁垒的有效手段而言，UL 为促进国际贸易的发展也发挥着积极的作用。UL 始建于 1894 年，初始阶段 UL 主要靠防火保险部门提供资金维持动作，直到 1916 年，UL 才完全自立。经过近百年的发展，UL 已成为具有世界知名度的认证机构，其自身具有一整套严密的组织管理体制、标准开发和产品认证程序。UL 是由安全专家、政府官员和各界代表（消费者、教育界、公用事业、保险业及标准部门）组成的理事会管理，日常工作由总裁、副总裁处理。目前，UL 在美国本土有五个实验室，总部设在芝加哥北部的 Northbrook 镇，同时在中国台湾和中国香港分别设立了相应的实验室。在美国对消费者来说，UL 就是安全标志的象征，UL 是制造厂商最值得信赖的合格评估提供者之一。充电桩认证标准有 UL62。

7.4.3 TUV

TUV 标志是德国 TV 专为元器件产品定制的一个安全认证标志，在德国以及欧洲其他国家得到广泛的应用。企业可以在申请 TUV 标志时，合并申请 CB 证书，由此通过转换而取得其他国家的证书。而且，在产品通过认证后，德国 TUV 会向前来查询合格元器件供应商的整流器机厂推荐这些产品；在整机认证的过程中，凡取得 TUV 标志的元器件均可免检。充电桩认证标准有：1908/05.12。

7.4.4 德国 VDE

德国 VDE 直接参与德国国家标准制定，是欧洲最有经验且在世界上享有很高声誉的认证机构之一。它每年为近 2200 家德国企业和 2700 家其他国家的客户完成总数为 18000 个认证项目。迄今为止，全球已有近 50 个国家的 20 万种电气产品获得 VDE 标志。位于德国奥芬巴赫的 VDE 检测认证研究所（VDE Testing and Certification Institute）是德国电气工程师协会（Verband Deutscher Elektrotechniker，VDE）所属的一个研究所，成立于 1920 年。作为一个中立、独立的机构，VDE 的实验室依据申请，按照德国 VDE 国家标准、欧洲 EN 标准，或 IEC 国际电工委员会标准对电工产品进行检验和认证。在许多国家，VDE 认证标志甚至比本国的认证标志更加出名，尤其被进出口商认可和看重。充电桩认证的标准有：VDE-AR-E2283-5 等。

7.4.5 国际电工委员会

国际电工委员会（IEC）成立于 1906 年，它是世界上成立最早的国际性电工标准化机构，负责有关电气工程和电子工程领域中的国际标准化工作。国际电工委员会的总部最初位于伦敦，1948 年搬到了位于日内瓦的现总部处。在 1887—1900 年召开的 6 次国际电工会议上，与会专家一致认为有必要建立一个永久性的国际电工标准化机构，以解决用电安全和电工产品标准化问题。1904 年在美国圣路易召开的国际电工会议上通过了关于建立永久性机构的决议。1906 年 6 月，13 个国家的代表集会伦敦，起草了 IEC 章程和议事规则，正式成立了国际电工委员会。1947 年，IEC 作为一个电工部门并入国际标准化组织（ISO），1976 年又从 ISO 中分立出来。宗旨是促进电工、电子和相关技术领域有关电工标准化等所有问题上（如标准的合格评定）的国际合作。该委员会的目标是：有效满足全球市场的需求；保证在全球范围内优先并最大限度地使用其标准和合格评定计划；评定并提高其标准所涉及的产品质量和服务质量；为共同使用复杂系统创造条件；提高工业化进程的有效性；提高人类健康和安全；保护环境。充电桩认证标准有：IEC 62893 等。

7.4.6 欧盟 ENEC

欧洲标准电器认证（European Norms Electrical Certification，ENEC）是 CENELEC（欧洲执委会电工标准化组织）的一项认证计划，该计划是针对特定并符合欧洲标准的产品（如照明设备、组件及办公室 & 数据设备）所使用的通用欧洲标准。充电桩测试标准有：EN50620（很多其他国家的也采 EN 标准）等。

7.5
充电桩认证流程

充电桩认证流程如下。

（1）初次认证模式

对于初次认证的电动汽车充电桩，适用的认证模式为：型式试验 + 生产企业初始检查 + 获证后监督。如产品已经过型式试验，型式试验报告经认证机构评价后可作为产品的标准符合性证据，可采信部分或全部型式试验结果；如生产企业已通过同类产品认证的初始检查，检查报告经认证机构评价后，可采信部分或全部检查结果；通过认证后，认证机构需对认证产品及其生产企业进行监督，一般仅对生产企业进行跟踪检查，必要时对认证产品实施抽样检测。

（2）认证结果转换的认证模式

如认证的充电桩已经获得由其他认证机构颁发的符合本认证规则要求的认证证书，经认证机构评价后，可转发该机构的证书。

（3）签订认证服务协议

确定认证范围和认证模式后，认证委托人与认证机构确认认证方案，实施认证前签订认证服务协议，双方按协议及规则开展认证活动。经双方协议，认证协议也可在完成型式试验后、检查前签订；认证服务协议中明确认证时限、认证模式、双方权责以及认证费用。

（4）认证单元划分

原则上，以生产者声明的产品型号划分认证单元。同一生产者、同一型号、不同产企业的产品应划分为不同的认证单元。不同的生产场地的产品应划分为不同的认证单元。不同认证委托人的相同型号的产品，应划分为不同的认证单元；同一认证委托人由不同生产者或者不同生产企业生产的相同型号的产品应划分为不同的认证单元。电动汽车充电桩产品的电气结构、产品的关键元部件和材料基本一致的可作为一个单元申请认证，原则上应明确同一单元内产品的具体型号，单相／三相的充电机划分为不同认证单元，不同功率、不同结构（指功能模块的布局和组合方式）的充电桩原则上应划分为不同的认证单元。不同的认证机构会有不同的规定，具体以认证机构为准。

（5）认证委托流程

认证委托人充分了解认证机构规则中对产品的认证要求，与认证机构签订认证协议，按本规则划分认证单元，填报认证资料并提交，委托认证机构对产品实施认证。具体以认证机构要求为准。

（6）所需认证资料

认证委托人需联系认证机构索取相关表格，在通过产品认证填报信息的同时，填写相关表格。对于有签章的资料，认证委托人需将彩色扫描件上传至产品认证机构的平台或将纸质资料。认证委托人对所提供资料及信息的真实性、有效性负责。

（7）试验管理要求

每家认证机构有自己的试验流程和管理要求，大致包括样品要求、关键元器件的要求、试验要求和产品符合性评价、初始工厂检查、检查内容及要求、检查结论等。

本章小结

在低碳环保节能的大背景及政策的刺激下，以电动汽车为首的新能源汽车得到前所未有的大发展，充电桩逐渐走进普通老百姓的生活，伴随而来的充电桩性能、车桩互联性及安全问题日益突出。本章分析了国标 GB/T 18487—2015 标准中对交流充电桩、直流充电桩的测试要点；介绍交流充电桩、直流充电桩的测试设备及功能描述；整理充电桩的相关测试标准及第三方认证种类的名称和验证的标准代号；简述了第三方认证标准流程；充分讲解充电桩测试设备、测试流程、测试标准及第三方认证的简述。为了行业内电动汽车充电测试与认证总结了方法和路径。

第 **8** 章

新能源充电
生态周边

8.1

充电生态概述

在新能源汽车出行中，"车""桩""电""网"是运营的四大核心要素，它们之间也有着千丝万缕的联系。汽车为出行、充电、结算的智能终端，充电桩是能源交互、信息交互、车辆链接的枢纽，电是汽车出行的能量来源，网是车、桩、电信息交互的纽带。

在"互联网+"的时代下，充电桩概念被进一步扩大，由充电桩构建成的充电网络作为入口打造充电、销售、租赁、旅游、停车、4S等增值服务及汽车工业大数据等，将是对充电网络更全面的商业价值认识。通过大平台卖电、卖车，对充电子系统及模块的数据综合统计、挖掘处理，分析针对电、桩、车、人商业数据信息，打造互联网+的生态系统，而不是一个充电的产业。充电生态圈如图8-1所示。

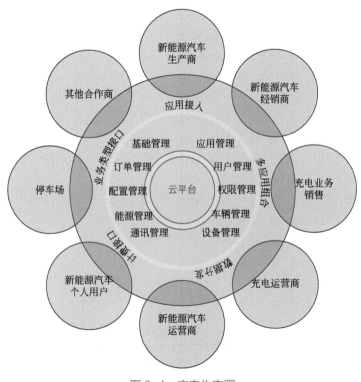

图 8-1　充电生态圈

8.2
光伏

　　光伏产业是基于半导体技术和新能源需求而融合发展、快速兴起的朝阳产业，也是实现制造强国和能源革命的重大关键领域。为把握光伏产业新发展阶段，完整、准确、全面观测新发展理念，构建新发展格局，以适应新型电力系统发展需求为导向，以构建智能光伏产业生态体系为目标，推动光伏产业与新一代信息技术的深度融合，加快实现智能制造、智能应用、智能运维、智能调度，全面提升我国光伏产业发展质量和效率，推动实现2030年碳达峰、2060年碳中和目标，国务院联合下发《智能光伏产业创新发展行动计划（2021—2025年）》要求，加快"光伏＋交通"等融合发展项目推广应用，推动交通领域光伏电站及充电桩示范建设。坚持充分论证、因地制宜、试点先行的原则，鼓励光伏发电在公路服务区（停车场）、加油站、公路边坡、公路隧道、公交货运场站、港口码头、航标等导助航设施、码头趸船、海岛工作站点等领域的应用。探索光伏和新能源汽车融合应用路径。

　　为充分利用光伏发电清洁能源，人们采用屋顶光伏、车棚光伏发电来优先供给电动汽车充电，在光伏电富余的情况下，由储能系统进行存储以备光伏不足的时候进行补充，通过光伏和储能的相互控制配合尽可能减少从电网取电。光伏发电屋顶建设效果图如图8-2所示。

　　太阳能光伏电站的安装分为固定式和跟踪式两种，跟踪式又分为水平单轴跟踪、斜单轴跟踪、双轴跟踪等多种跟踪形式。固定安装方式直接将太阳能光伏组件朝向低纬度地区放置（与地面成一定的角度），以串并联的方式组成太阳能光伏阵列，从而达到太阳能光伏发电的目的。当太阳光线垂直于电池面板时，太阳能板接收到的太阳能最大，发电功率也最高。跟踪系统是尽量去对准太阳，使太阳光线在电池面板单位面积的接收到的太阳光线更多，从而增加发电量。

图 8-2　光伏发电屋顶建设效果图

　　水平单轴跟踪适合在低纬度地区，通常跟踪太阳的高度角来提高太阳光线，在电池面板的垂直分量来提高其发电量。水平单轴跟踪一般相对于固定支架增加 20% ～ 30%。斜单轴适合于纬度高于30°以上，通过转轴的倾斜角补偿纬度角，然后在转轴方向跟踪太阳高度角，从而达到更好地增大光伏发电量。一般相对于固定支架可以增加发电量 25% ～ 35% 之间。

　　双轴跟踪有两个转轴同时运动，可以保证太阳电池板始终垂直于太阳光线，因此双轴跟踪提升太阳发电效率最高，发电量可以提高35% ～ 45%。

　　光伏阵列安装倾角的最佳选择取决于诸多因素，如地理位置、全年太阳辐射分布、直接辐射与散射辐射比例、负载供电要求和特定的场地条件等。由于前期不清楚屋顶的状况，先按照平屋顶进行设计，结合当地经纬度，综合考虑当时的风力等级，一般按照最佳发电量确定光伏组件倾角，根据软件模拟确定为 20°。

　　根据光电效应原理，光伏电池板将太阳能转化成电能。光伏输出最大功率与环境温度、辐照强度相关。采用光伏发电模型为：

$$P_{solar} = \frac{P_{STC}G[1+k(T_C-T_r)]}{G_{STC}} \tag{8-1}$$

式中，P_{solar} 为光伏组件的实际输出功率；P_{STC} 在标试条件下光伏组件的最大输出功率（光照强度为 1000W/m²，环境温度为 25℃）；G 为当前光照强度；G_{STC} 为标准测试条件下光照强度值，1000W/m²；k 为光伏的温漂特性值，−0.47%/℃；T_C 为当前光伏组件的工作温度；T_r 为光伏组件的参考温度，25℃。由式（8-1）可知，光伏出力与光照和环境温度相关，其具有不确定性，但全天光伏出力具有规律性。

以苏州为例，由苏州天气信息可知，早晨 6:00 至 7:00 光伏开始出力，由于光照强度较弱，出力偏小，随着时间推移，光照强度开始增强，光伏出力增加。中午 12:00 至 13:00 光伏出力到达顶峰，下午光照强度减弱，光伏出力减少。傍晚 18:00 光伏出力趋于 0，直至次日早晨 6:00，光伏出力都为 0。

8.3
储能

储能系统由储能电池、储能 AC-DC、电池管理系统（BMS）、能量管理系统（EMS）构成。储能电池通过储能 AC-DC 完成 DC-AC 变换后接入交流母线，现能量的存储和释放。储能 AC-DC 控制储能电池进行充放电动作：在充电状态时，储能 AC-DC 作为整流装置将电能从交流转变成直流储存到储能电池；在放电状态时，储能 AC-DC 作为逆变装置将储能电池储存的电能从直流变为交流，支撑小区内相关负载运行。BMS 能够实时监控储能电池的电压、电流和温度，通过将关键信息传给 EMS，EMS 对储能系统的充放电过程进行协调管理，避免过压、欠压和过流等问题的发生，同时具有充放电均衡管理功能。家用电池存储系统架构如图 8-3 所示。

储能系统通过软件系统充放电，既可以实现单点控制，也可以进行总量控制，储能系统根据调度指令进行控制，发出功率可在储能

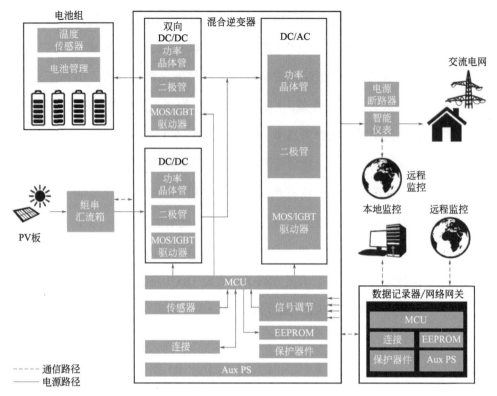

图 8-3　家用电池存储系统架构

AC-DC 的额定工作范围内按需调节；系统采用一键式控制，各储能单元根据总指令需求再进行子系统控制；电池的充放电速率按照国标执行，充放电速率在 0 ～ 0.5C 范围内可调。

储能电池的充放电容量主要根据电池管理系统（BMS）和储能双向变流器（PCS）运行状态进行控制。在运行过程中，PCS 输出功率既受到光储充换系统电量需求约束，也受到储能电池剩余电量及 PCS 最大输出功率制约。

8.4

电力电子电源

随着电力电子技术的发展，特别是微电子技术的发展，电器设备的种类越来越多，任何电器设备都离不开电源，电源正发挥着举足轻重的作用，同时随着电源应用的普及，以及科学技术的进步，特别是一些先进的仪器对电源提出了更新、更高的要求，使原来的电路技术特别是整流技术的效率大大下降而不再适用。因此，必须采用新的器件，研究新的电路。

现代电力电子技术的发展方向，是从以低频技术处理问题为主的传统电力电子学，向以高频技术处理问题为主的现代电力电子学方向转变。电力电子技术起始于二十世纪五十年代末六十年代初的硅整流器件，其发展先后经历了整流器时代、逆变器时代和变频器时代，并促进了电力电子技术在许多新领域的应用。八十年代末期和九十年代初期发展起来的、以功率 Si/SiCMOSFET 和 IGBT 为代表的，集高频、高压和大电流于一身的功率半导体复合器件，表明传统电力电子技术已经进入现代电力电子时代。

现代电源具有以下特点。

① 绿色化、小型化　低功耗、低污染、低电流、高效率、高集成已成为现代电源技术的主流，电源技术的发展同时也依赖于电子元器件和集成电路的发展。

② 模块化、智能化　电源技术模块化包括功率单元模块化和输出单元模块化。新型开关电源将其功率开关管和各种输出保护模块集成在一起，使开关电源的体积进一步缩小。输出稳压电路模块化，使电源在实际应用中更加灵活、方便、智能。

③ 数字化、多元化　随着数字技术的发展和成熟，现代电源更多地向数字化方向发展。采用数字技术可减小电源高频谐波干扰和非线性失真，同时便于 CPU 数字化控制。

现代电源具备良好的 EMC 特性，自身产生的高频谐波功率逐渐减小，降低了对环境的"污染"，同时增强了电源本身抗干扰性能。

开关电源是专指电力电子器件工作在高频开关状态下的直流电源。因此，开关电源也常被称为高频开关电源，频率一般可高达 100kHz

左右，内部功率损耗小，转换效率高。在一些电子工业发达的国家，可以做到 MHz 以上，这便使得开关转换电源的效率得到大幅的提高。正由于开关电源效率高、体积小、重量轻、性能好这些优点，计算机、电视机、各种电子仪器的电源几乎都已是开关电源的天下。20 世纪 60 末，由于微电子技术的快速发展，高反压、大电流的功率开关晶体管的出现，使得采用高工作频率的开关电源得以问世，那时确定的开关电源基本结构一直沿用至今。开关频率的提高有助于开关电源的体积减小、重量减轻。早期的开关电源的开关频率仅为千赫兹，随着电力 MOS 管的应用，开关电源的开关频率进一步提高，使得电源体积更小，重量更轻，效率更进一步提高。

由于和稳压电源相比，开关电源在绝大多数性能电源指标上都具有很大的优势。因此，目前除了对直流输出电压的波纹要求不高的场合以外，开关电源已经全面取代了线性稳压电源。作为电子装置的供电电源，线性稳压电源主要用于小功率范围。在20世纪80年代以前，作为线性稳压电源的更新换代产品，开关电源也主要用于小功率的场合。那时，中、大功率直流电源仍以晶闸管相控整流电源为主。但是，20世纪80年代起，由于绝缘栅双极型晶体管IGBT的出现，打破了这一格局。使得开关电源的容量不断增大，在许多中等容量的范围内，迅速取代了线性电源，在通信领域，早期的48V基础电源几乎都是采用晶闸管相控电源，现在已逐步被开关电源所取代。电力系统的操作用直流电源，以前也是采用晶闸管相控电源，目前开关电源已成为其主流电源，开关电源的应用范围正在不断扩大。

开关频率的提高可以使电源的体积减小、重量减轻，但却使得开关损耗增大，电源效率降低。另外，开关电源频率的提高也使得电源的电磁干扰问题变得突出起来。为了解决这一问题，20 世纪 80 年代，出现了采用软开关技术。在理想情况下，软开关技术可使开关损耗降为零，提高效率，同时也使电磁干扰大大减小，因而也有助于进一步提高开关频率，使得电源进一步向体积小、重量轻、效率高的方向发展。

8.5
家用 / 商用光储充方案

（1）系统方案逻辑拓扑

开展光储充系统示范设计研究，在商用综合能源站、私人家庭屋顶和罩棚建设分布式光伏，利用储能电池为储能装置，与站级充电系统进行统一物理集成，设计开发光储充硬件软件系统设备，开发一体化本地及远端 EMS 管理系统，如图 8-4 和图 8-5 所示为光储充示范站方案拓扑图和储充系统效果图。

（2）基于国产芯片的 EMS 能源管理系统硬件的开发

EMS 能源管理系统主要负责电网、充电、光伏、储能、综合能

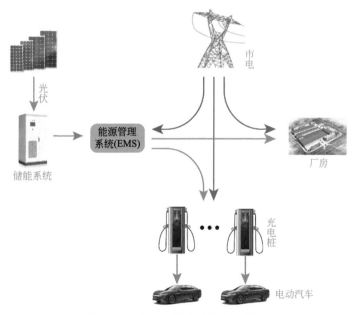

图 8-4　光储充示范站方案拓扑图

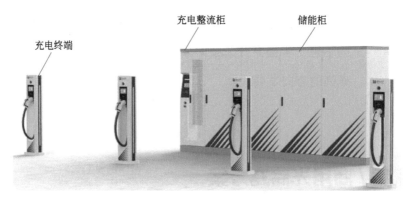

图 8-5　储充系统效果图

源站之间电能提供和电能需求的平衡和优化，并能方便接入光伏系统，在峰谷用电和配网增容等方面带来应用价值。EMS 能源管理系统硬件框图如图 8-6 所示。

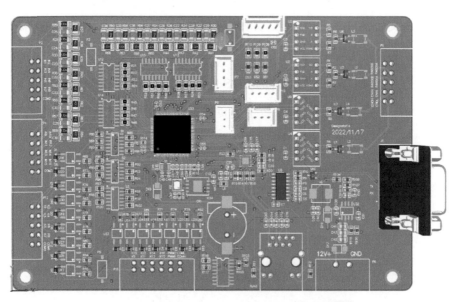

图 8-6　EMS 能源管理系统硬件框图

储能系统主要功能为消峰填谷，以电网电价的尖、峰、谷三个阶段为主线，驱动储能系统充、放电，实现经济效益最大化。光伏通过充电桩为电动车充电，自发自用；在夜间电价低谷时段，市电为储能充电，在电价尖峰时段，储能系统放电，通过充电桩为电动车充电或逆变成市电给综合能源站使用，通过 EMS 能源管理系统调节微电网内部电力消纳。根据各个时段峰谷电价，计算总负荷功率，其包含充电桩功率及站级用电功率，光伏发电则判断储能故障状态及 SOC，若储能故障或储能 SOC 小于 50%，则总负荷用电由电网提供。若储能无故障且 SOC 大于 50%，则总负荷用电由储能电池提供，且供电总功率不大于需量。光储充系统架构图如图 8-7 所示。

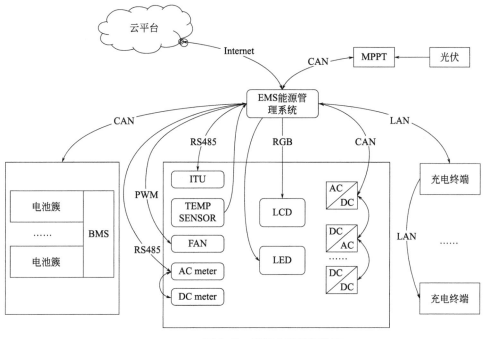

图 8-7　光储充系统架构图

（3）基于云存储的智能光储充设备服务监控云平台

基于小蜂充电云平台架构，应用现在电力物联网架构，采用移动互联、人工智能等现代信息技术、先进通信技术，围绕充电桩、供能站能量表计、EMS 能源管理系统等数据采集，实现各环节互联与交互。连接并管理供能站、充电系统、光伏系统和储能系统，利用站端边缘侧数据分析处理算法，进行用能情况、能效对比、能耗预测、光储调度、设备运维、碳排放管理等数据分析。运营大数据赋能智慧交通与智慧能源，对路网车流量进行估计与预测，预测运营车辆所需电能负荷，优化 EMS 能源调度逻辑。

8.6

能源互联网

能源互联网是将系统性思维和数字化技术与能源生产、传输、存储、消费以及能源市场深度融合的新型生态化能源系统，目标以可再生能源优先，以电力为基础，通过多能协同、供需协同等找到"能源不可能三角"的平衡点。以新能源为主体的新型电力系统是能源互联网双碳双减目标下现阶段发展的核心形态。依托新型电力系统建设，整合各类型能源资源，待到碳中和阶段，新型电力系统将逐渐发展为更加柔性、更加开放、高度智能的能源互联网系统，并形成新的智慧能源的商业模式和生态。其具有以下特点。

① 可再生　可再生能源是能源互联网的主要能量供应来源。可再生能源发电具有间歇性、波动性，其大规模接入对电网的稳定性产生冲击，从而促使传统的能源网络转型为能源互联网。

② 分布式　由于可再生能源的分散特性，为了最大效率的收集和使用可再生能源，需要建立就地收集、存储和使用能源的网络，这些能源网络单个规模小，分布范围广。

③ 互联性　大范围分布式的微型能源网络并不能全部保证自给自足，需要联起来进行能量交换才能平衡能量的供给与需求。能源互联网关注将分布式发电装置、储能装置和负载组成的微型能源网络互联起来，而传统电网更关注如何将这些要素"接进来"。

④ 开放性　能源互联网应该是一个对等、扁平和能量双向流动的能源共享网络，发电装置、储能装置和负载能够"即插即用"，只要符合互操作标准，这种接入是自主的，从能量交换的角度看没有一个网络节点比其他节点更重要。

⑤ 智能化　能源互联网中能源的产生、传输、转换和使用都应

该具备一定的智能性。

能源互联网与其他形式的电力系统相比，具有以下 4 个关键技术特征。

① 可再生能源高渗透率：能源互联网中将接入大量各类分布式可再生能源发电系统，在可再生能源高渗透率的环境下，能源互联网的控制管理与传统电网之间存在很大不同，需要研究由此带来的一系列新的科学与技术问题。

② 非线性随机特性：分布式可再生能源是未来能源互联网的主体，但可再生能源具有很大的不确定性和不可控性，同时考虑实时电价、运行模式变化、用户侧响应、负载变化等因素的随机特性，能源互联网将呈现复杂的随机特性，其控制、优化和调度将面临更大挑战。

③ 多源大数据特性：能源互联网工作在高度信息化的环境中，随着分布式电源并网，储能及需求侧响应的实施，包括气象信息、用户用电特征、储能状态等多种来源的海量信息。而且，随着高级量测技术的普及和应用，能源互联网中具有量测功能的智能终端的数量将会大大增加，所产生的数据量也将急剧增大。

④ 多尺度动态特性能源互联网是一个物质，能量与信息深度耦合的系统，是物理空间、能量空间、信息空间乃至社会空间耦合的多域、多层次关联，包含连续动态行为、离散动态行为和混沌有意识行为的复杂系统。作为社会、信息、物理相互依存的超大规模复合网络，与传统电网相比，具有更广阔的开放性和更大的系统复杂性，呈现出复杂的，不同尺度的动态特性。

本章小结

新能源汽车成为未来的大势所趋，在"互联网＋"的时代下，由充电桩构建成的充电网络具备工全面的商业价值。通过大平台卖电、卖车，对充电子系统及模块的数据综合统计、挖掘处理，分析针对电、桩、车、人商业数据信息，将逐步打造互联网＋的生态系统。伴随着新能源汽车产业的快速发展，我国太阳能光伏、储能产业近年来也处于高速爆发的态势。光伏发电正在成为电动汽车实现真正意义上的清洁能源提供可能，而电池储能系统作为一种分布式的能源储能设施和消费单元，可通过软件系统充放电，既可以实现单点控制也可以进行总量控制，又可根据调度指令进行智慧控制。

参考文献

[1] 罗文雲，周浩，于乐淘，等．国内外电动汽车发展现状及优化建议［J］．中国集体经济，2018（4）：11-12．

[2] 范玉宏，张维，陈洋．国外电动汽车发展分析及对我国的启示［J］．华中电力，2010（23）：6．

[3] 傅金洲．光（伏）储（能）一体发电系统的储能配置和能量管理策略研究［D］．合肥：合肥工业大学，2018．

[4] 吴盛军．微电网中电动汽车储能优化控制及储能梯级利用研究［D］．南京：东南大学，2017．

[5] 陈法章．智能微电网能量管理系统设计与实现［D］．昆明：云南大学，2014．

[6] 张万英．光储充电站一体化协同发展——光储充电站大讲堂在京成功举办［J］．电气时代，2016 年 11 期．

[7] Elbaset A A, Abdelwahab S A M, Ibrahim H A, et al. Performance Analysis of Photovoltaic Systems with Energy Storage Systems［M］. Berlin: Springer, 2019.

[8] Nimat S, Anitha Sarah S, Stephen B B. Renewable Energy Based Grid Connected Battery Projects around the World—An Overview［J］.Energy Power Engineering. 2019, 13:1-23.

[9] Olabi A, Abdelkareem M. Energy Storage Systems Towards 2050［J］. Energy, 2020.

[10] Jahannoosh M, Nowdeh S A, Naderipour A,et al. New Hybrid Meta-Heuristic Algorithm for Reliable and Cost-Effective Designing of Photovoltaic/Wind/Fuel Cell Energy System Considering Load Interruption Probability［J］. Clean. Prod. 2020.

[11] Liu J, Chen X, Cao S, et al. Overview on hybrid solar photovoltaic-electrical energy storage technologies for power supply to buildings. Energy Convers［J］. Manag. 2019, 187:103-121.